Wayne W. Dyer

365 Quellen der Inspiration

Wayne W.
DYER

365 Quellen der Inspiration

SILBERSCHNUR

Originaltitel »Your Ultimate Calling. 365 Ways to Bring Inspiration into Your Life«

ISBN: 978-3-89845-300-4

1. Auflage 2010

Gestaltung & Satz: XPresentation, Güllesheim
Druck: Finidr, s.r.o. Cesky Tesin

Verlag »Die Silberschnur« GmbH · Steinstr. 1 · 56593 Güllesheim
www.silberschnur.de · E-Mail: info@silberschnur.de

EINLEITUNG

»Ich möchte meinen Lesern folgende Erkenntnis vermitteln: Wir sind imstande,

Inspiration

absichtlich zu erleben, dauerhaft zu bewahren und damit den wahren Sinn unseres Lebens zu erkennen.«

Ich habe in diesem Buch 365 Gedanken zusammengestellt, weil ich ohne jeden Zweifel weiß, dass Inspiration gelernt, gepflegt und zu einer enormen Antriebskraft im Leben werden kann: Inspiration blitzt nicht etwa ab und zu auf und verschwindet, scheinbar gänzlich unabhängig vom eigenen Willen, ebenso mysteriös wieder in der Versenkung. Inspiration ist für alle da! Sie ist nicht reserviert für hochkarätige, kreative Genies in Kunst und Wissenschaft – sie ist Bestandteil unseres eigenen göttlichen Geburtsrechts.

In jedem Gedanken auf den folgenden Seiten findest du genaue Anweisungen für ein Leben Übereinstimmung mit dem Geistigen, mit *Spirit*, um wahrhaft *inspiriert* zu leben – gleichsam *in Spirit.* Ich gebe dir damit einen Orientierungsplan an die Hand, mit dem du mühelos zur Welt der Inspiration findest – *deiner wahren Berufung.*

Dr. Wayne W. Dyer

1

Wenn du
inspiriert bist,
singt dein Herz
vor Freude über
jeden Atemzug,
und das erfüllt
dich mit
*Toleranz, Freude
und Liebe.*

2

Wenn du infolge
eines Ansturms inspirationsloser
Medien träge und lustlos wirst –
schalte deinen Fernseher ab,
wechsle zu einem anderen Radiosender,
lege die Zeitschrift weg
und sage folgende Affirmation:
Ich will nicht länger in diesem Energiefeld verweilen, dessen Schwingungen nicht im Einklang sind mit Spirit.

3

Wahren Respekt haben wir
vor denen, die wirklich willens
sind, die Wahrheit zu sagen ...
und – mehr noch –
die Wahrheit,
die sie in
sich spüren,
zu *leben.*

4

Als du,
bevor du dich
materialisiertest,
in der geistigen Dimension,
in Spirit weiltest, war dein
Ziel hoch, es war
Gott ähnlich.

Mache dich
wieder vertraut
mit dieser
Vision.

5

Mit etwas Training kannst du dich an deine frühe Kindheit erinnern: an

Liebe, Frieden und Freude –

und sogar noch weiter zurück an deinen Ursprung. Vielleicht entdeckst du, dass dein Zugang zu deiner Vergangenheit und zu deinen spirituellen Anfängen besser ist, als du dies je für möglich gehalten hättest.

6

Erkenne,
wie viel Segensreiches
dir im Laufe deines Lebens
durch die Gotteskraft
zuteil wurde
und weiterhin
zuteil wird.

7

Bevor du deinen Tag beginnst,
wende dich in den
frühen Morgenstunden, wenn
auch nur ganz kurz, *Gott zu.*
Beim Aufwachen sage zu dir:
Dies sind meine ganz persönlichen
Momente mit Gott.
Wende dich nach innen,
fühle den Frieden.
Und ganz wichtig:
DANKE.

8

Lass mindestens zwei Wochen lang jeden Tag einem anderen, dir möglichst unbekannten Menschen *spontan eine kleine Aufmerksamkeit zukommen.*

Je mehr du dich darin übst, großzügig zu sein, desto inspirierender ist die Auswirkung auf andere.

9

Stelle dir eine Welt
des Friedens vor,
erwarte Gesundheit, Fülle
und Liebe in deinem Leben –
und in dem der anderen.

10

Wenn du bedenkst, dass
Gott in sich
und ursächlich *Wohlbefinden*
ist, und wenn du weißt,
dass du immer an diese Quelle
angeschlossen bist, dann,
sagt man, bist du inspiriert.

11

Schaffe dir einen heiligen Platz in deiner Wohnung mit einer Art Altar als symbolischem Aufenthaltsort für deine innere Vision. Wenn du an diesem Ort vorbeigehst, *segne ihn im Geiste*, und danke dafür, dass Inspiration Einzug in dein Leben gehalten hat.

12

Wenn du das Leben führen willst, das du dir ersehnst, ist es unabdingbar, dass du *der Stimme deiner Inspiration* Gehör schenkst und danach handelst, egal, was andere dazu sagen.

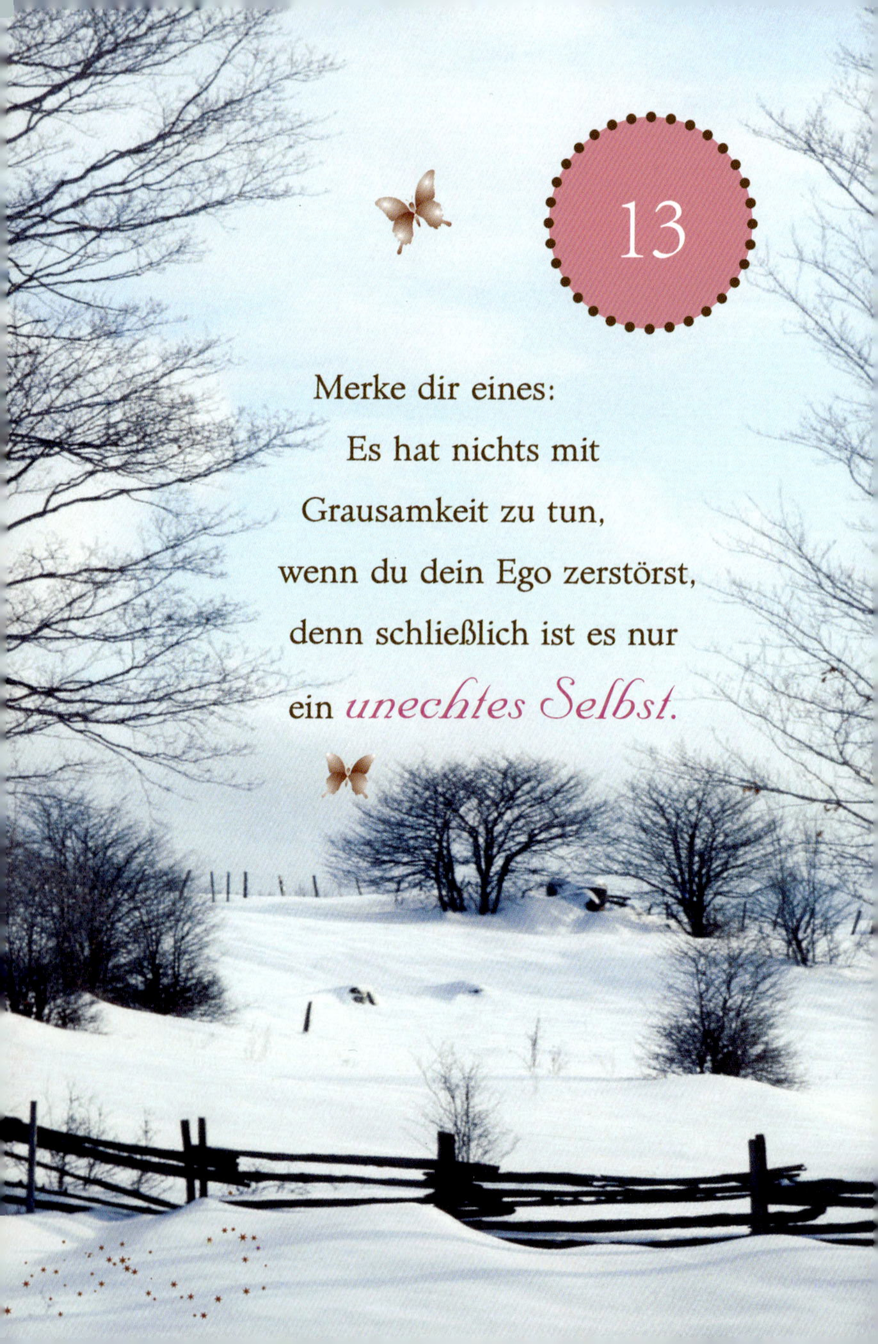

13

Merke dir eines:
Es hat nichts mit
Grausamkeit zu tun,
wenn du dein Ego zerstörst,
denn schließlich ist es nur
ein *unechtes Selbst.*

14

Suche möglichst den Umgang mit Menschen, die ihr Leben größtenteils *in Spirit* leben. Dazu musst du zunächst diejenigen erkennen, die inspiriert und inspirierend sind –

Menschen, die sich von ihrem Ego und den Eitelkeiten der Welt freigemacht haben.

15

Sage dir

immer und immer

wieder, den ganzen Tag lang:

Ich ziehe Frieden an, nicht Konflikte.

16

Wenn es dir gelingt,
deine Abneigung gegen die Stille zu
überwinden, wirst du auch weiteres
Elend *überwinden*. Und genau in dieser
Stille wird deine Erinnerung
an Gott *erwachen*.

17

Lausche dem Wind,
dem Regen
und dem Ozean.
Lausche all dem.

18

Wenn du begeistert
deine Herzenswünsche lebst,
was auch immer sie sein mögen,
sendest du deiner Umwelt das spirituelle
Signal aus, dass du *in Spirit* lebst und
dass du liebst: das, was du bist, das,
wofür du hier angetreten bist,
und all die, die dir begegnen.

19

Befreie dich

davon, alles, was du hast,

tust oder sagst,

nach seinem Kosten-Nutzen-Faktor

zu bewerten.

Tue, was dein Herz dir sagt

– dies wird dir Freude bringen.

20

In ruhigen,
intimen Momenten, in denen du
um göttliche Hilfe bittest,
könntest du beten:

Lieber Gott, mache mich zu einem
Instrument deiner Liebe.
Ich möchte wie DU sein.
Ich habe ihnen vergeben,
und ich habe mir verziehen.

21

Wisse, dass jeder scheinbar
bösen Handlung Millionen
Handlungen der Güte gegenüberstehen –
auf sie richte
deine Aufmerksamkeit.

22

Wenn deine Gedanken
mit *Spirit* übereinstimmen,
so reflektieren sie Schwingungen,
die dich in die *rechte* Richtung lenken.
Wenn du dich aber beobachtest
und bemerkst, dass deine Gedanken
in die *falsche* Richtung gehen,
kannst du eine
Kehrtwendung
einleiten.

23

Achte auf

Zeiten in der Natur,

die in dir den inneren Funken
ehrfürchtiger Bewunderung
entfachen. Du brauchst nicht mit
anderen darüber zu sprechen.
Wenn es für dich eine
Bedeutung hat,
ist es richtig.

24

Je mehr du in die
Welt der Inspiration
eintauchst, als desto leichter –
und sogar notwendig –
wirst du es erachten, all den Menschen
in deinem Leben *zu danken*
und ernsthaft anzuerkennen,
was sie dir geschenkt haben.

25

Diejenigen, die sich inspiriert fühlen, zeichnen sich vor allem durch ihr *intensives, brennendes Verlangen* aus. Dieses muss von solcher Intensität sein – das, was du bist und was du tust, musst du einfach so sehr lieben –, dass Langeweile, Lustlosigkeit oder Überdruss unmöglich sind.

26

Es ist das Geistige, *Spirit*,
das Leben spendet.
Du bist aus Spirit entstanden,
du bist das, wovon du abstammst.

27

Zum Inspiriertsein gehört,
neugierig und aufmerksam für Gefühle
zu werden, die dir helfen, wieder
dein ursprüngliches
Selbst zu leben.

28

Wisse, wenn du
dein Leben Revue
passieren lässt, dass du an
keiner Stelle je versagt hast –
du hast einfach nur bestimmte
Ergebnisse hervorgebracht.
Betrachte es aus der Perspektive,
dass du all diese Erfahrungen
machen musstest, um
auf eine höhere Stufe
zu gelangen.

29

Wenn du inspiriert bist,

beurteilst du weder andere noch dich selbst.

Verhaltensweisen, die dich zu anderen Zeiten aufregten, stören dich nicht mehr.

30

Verlust, Beschimpfungen
und Treulosigkeiten
können wertvolle Lehrer sein,
wenn du erkennst,
dass du eine solche Erfahrung
machen musstest, um ein
höheres Gut
zu erlangen.

31

Schenke
kleineren Missgeschicken,
wie dem Anstoßen
des kleinen Zehs oder Ähnlichem, Beachtung.
Dann halte für einen Augenblick inne
und frage dich:
*Was habe ich gerade gedacht, und worin
liegt der Bezug zu diesem Missgeschick?*
Dadurch schaffst du mit der Zeit
ein dauerhaftes Bewusstsein
für deine Quelle und
für die Ausrichtung,
die dein Leben
nehmen soll.

32

Ändere deine Erwartungen an dich selbst.

Erwarte das Beste,
erwarte göttliche Führung,
erwarte segensreiche Zufälle,
die Veränderungen möglich machen –
erwarte Wunder.

33

Sein Leben einfach
zu halten heißt,
Vertrauen zu haben in die
spirituelle Verbindung mit einem Leben,
das sich der Freude, der Liebe
und dem Frieden verschrieben hat.
Fühlst du dich von
deinem Tagesgeschehen
so erdrückt, dass du
diesen Dingen
keine Beachtung mehr schenkst,
dann missachtest du den Wert
des einfachen Lebens.

34

Wenn du
von Suchtmitteln abhängig bist –
und dazu gehört auch übermäßiges
Schlemmen oder wenn du dich ständig
anderen als Sorgentelefon anbietest –,
dann höre auf die innere Stimme,
die dich zu einer

kleinen Korrektur

auffordert.

35

Bevor du sprichst,

wirf einen Blick

auf dein inneres

Wahrheitsbarometer,

und widerstehe der Versuchung,

deinem Gegenüber

nach dem Mund zu reden.

36

Vergiss nicht:
Schon bald wird die
allschöpfende Quelle
deine dir ganz eigene
Vorstellung eines guten Lebens
wahr werden lassen;
und zwar beeindruckender,
als du es je zu wünschen
gewagt hättest.

37

Gehe nicht einfach davon aus, dass,
nur weil Gott allwissend ist,
jedes Problem für dich gelöst wird.
Denke daran: Du bist Mit-Schöpfer,
du selbst bist ein kleiner
Teil von Gott.

38

Inspiriert sein
ist die Bereitschaft,
deinen inneren Impulsen
wirklich zu folgen,
so dass du dich, wenn du stirbst,
niemals voller Schmerz fragen musst:
Was wäre gewesen, wenn ...?

39

Wenn du spirituell angebunden,
also *in Spirit*, bist,
brauchst du
dein Ego nicht mehr
und verfällst nicht der Illusion
des falschen Selbst.

40

Das Universum funktioniert nach dem Gesetz der Anziehung.

Sagst du also:

»Gib mir, gib mir, gib mir«,

antwortet es auf dieselbe Weise.

Sagst du aber: »Wie darf ich teilen?«,

ist die Antwort des Universums:

»Wie darf ich MIT DIR teilen?«

41

Achte auf deine Gedanken,

damit sie nicht deine Fähigkeit
zum Manifestieren beschneiden.
Selbst ein scheinbar unbedeutender Gedanke,
der beispielsweise deine Entschlossenheit,
dein Leben *in Spirit* zu leben, infrage
stellt, ist eine Energieschwingung,
die dich vom Erschaffen
deiner Wünsche abhält.

42

Um inspiriert zu sein,
benötigst du nichts im Außen;
du musst deine Aufmerksamkeit
vielmehr von dem Sichtbaren
abwenden und stattdessen in
die wundervolle Welt von Spirit
lenken, wo dich
Freude und Segen
erwarten.

43

Deine Gedanken,
die sich als Interesse, Begeisterung,
innere Erregung und erkenntnisreiche
Empfindungen bemerkbar machen,
sind klare Anzeichen dafür:
Du besitzt die Fähigkeit,
mit deiner herrlichen
Schöpferkraft
zu verschmelzen.

44

Wenn du inspiriert bist,

dann befindest du dich

vollständig im Jetzt.

In einem Universum ohne Anfang

und ohne Ende

gibt es keine Vergangenheit.

45

Wenn du zunächst
an andere und dann erst
an dich selbst denkst,
wenn sich die Liebe für das Leben
erst in deinen Gedanken
und dann in deinem Tun äußert –
auf genau diese Art
verbindest du dich
mit der Inspiration.

46

Lass alles los,

was dich im Sumpf der Konsumwelt
mit ihrer Einladung zu einem überfüllten,
chaotischen Leben steckenbleiben lässt.
Sokrates drückte es so aus:
»Der ist Gott am nächsten,
der am wenigsten braucht.«

47

Du musst
aus diesem Alptraum,
in dem dir die Nebel
deines Egos die Sicht versperren,
erwachen und
die glückselige Perspektive
eines inspirierten Lebens
einnehmen, in dem du *in Spirit* bist.

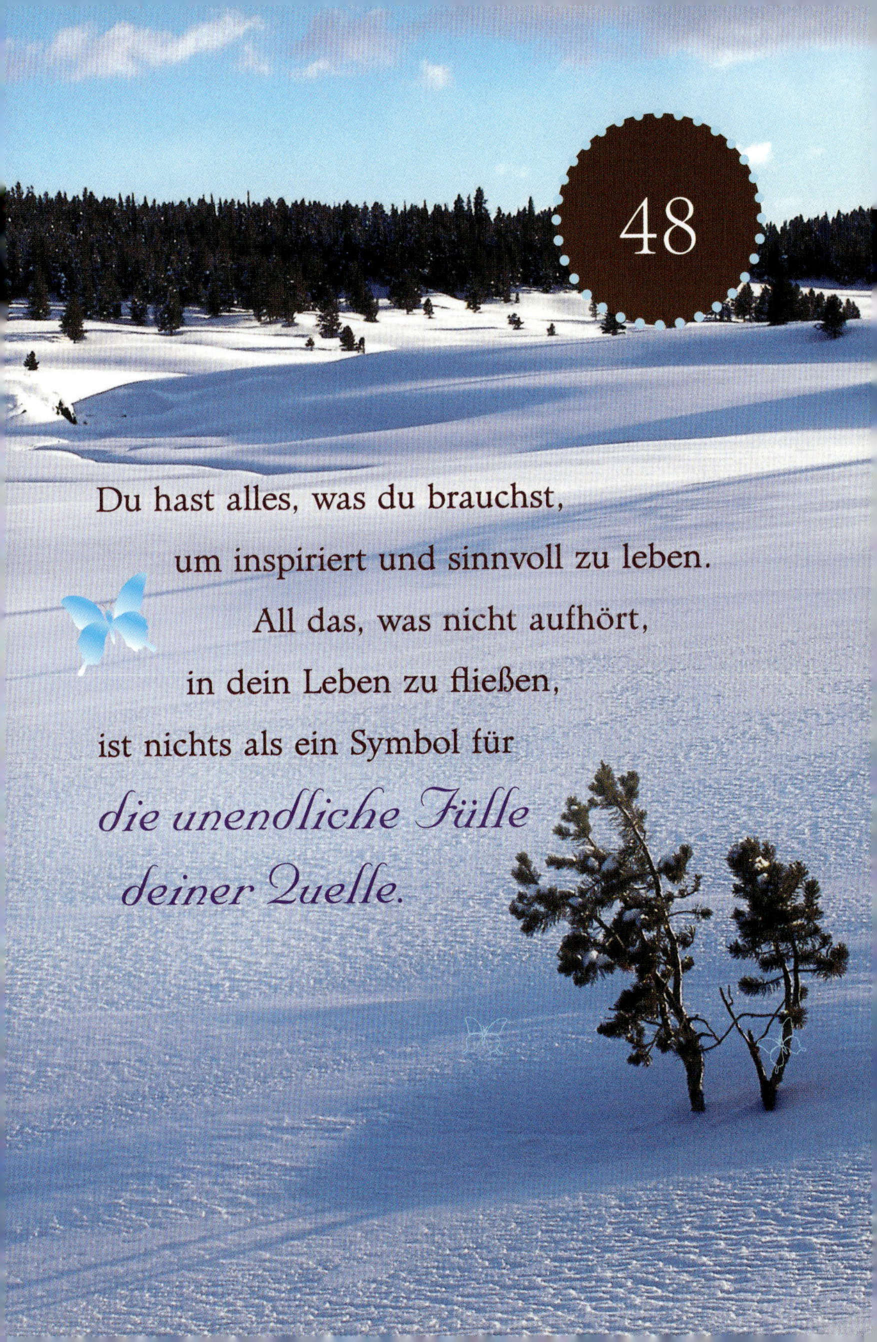

48

Du hast alles, was du brauchst,
um inspiriert und sinnvoll zu leben.
All das, was nicht aufhört,
in dein Leben zu fließen,
ist nichts als ein Symbol für
die unendliche Fülle
deiner Quelle.

49

Lösche ausnahmslos
jegliche Selbstwahrnehmung,
die deine Vision umnebeln und deine
göttliche Herrlichkeit
infrage stellen könnte.

50

Wo immer du in deinem Leben gerade stehst: Du hast einen *spirituellen Vertrag* zu erfüllen, der dich verpflichtet, die Freude zu deiner ständigen Begleiterin zu machen.

51

Wenn dir ein Buch regelrecht »zu-fällt«
oder von verschiedenen Menschen
zugeschickt wird –
ja sogar, wenn du den Titel
beständig siehst oder andere ihn dir immer
und immer wieder nahelegen –,
dann schenke ihm Beachtung,
*gib deinen Widerstand
auf – und gib dich hin.*

52

Wenn du daran denkst,
immer *in Spirit* verbunden
zu bleiben, wirst du klar erkennen:

Einem Ding,
das schiefzugehen scheint,
stehen zehn gegenüber,
die funktionieren.

53

Hege die feste Absicht,
immer inspiriert zu sein:
Lebe das, was dein Geist weiß,
statt dich nach dem zu richten,
was deine Augen sehen.

54

Wenn man
die machtvolle Anziehung der
Inspiration ignoriert,
breitet sich tiefes Unbehagen aus
oder ein Gefühl des
Abgetrenntseins vom inneren Selbst.

55

Gelobe dir,
weniger Konflikte in deinem Leben
zuzulassen. Du kamst aus einer Welt
ohne jede Zwietracht,
also kannst du auch wieder
dorthin zurückkehren und
den Himmel auf Erden leben.
Weigere dich einfach,
mit irgendjemandem
im Streit zu liegen.

56

Statt ein Resultat
zu erhoffen,
zu wünschen und gar
dafür zu beten,
lass dein inneres Wesen sich mit
der Vorstellung anfreunden,
dass dein Wunsch machbar
und das Ergebnis
bereits dabei ist,
sich zu realisieren.

57

Wann immer du vom Universum
scheinbar unerwartet
einen Anstoß bekommst,
mobilisiere all deine Kraft und
mache dir klar,
woran du in jenem Moment
gerade gedacht hast.

58

Wenn du mit deiner Wesensquelle
kommunizierst, wisse, dass du
einen Teil in dir selbst erweckst,
der genau ist wie sie.

59

Du möchtest
wie Gott sein,

um inspiriert zu werden.
Wenn du also mit IHM kommunizierst,
dann gehe von deinem
inneren Wissen aus,
das ER da ist, aufmerksam und bereit,
um mit dir zur Tat zu schreiten.

60

Akzeptiere keine Ausreden:
Höre mit dem Zweifeln auf,
und habe Vertrauen zu dir.
Gib deine Fehler zu, anstatt sie abzuwehren.
Blicke in den Spiegel –

und sei aufrichtig zu dir.

61

Deine Schwächen
und auch deine Krankheiten
können dir einen Hinweis darauf geben,
dass du etwas zurückhältst – möglicherweise
deine gesunde, bewusste Verbindung zu Spirit.

62

Schreibe Folgendes nieder,
lege es an eine Stelle,
auf die dein Blick häufig fällt, und

sage zu dir:

Ich lebe in einem göttlich inspirierten Universum.
Ich brauche nichts zu fürchten.
Ich vertraue mir, und damit vertraue ich
in die göttliche Weisheit,
die mich schuf.

63

Da alles, was du in dein Leben lässt,
auf körperlicher und spiritueller Ebene
energetisch auf dich einwirkt,
ist es unabdingbar,
dass du den Grad deines Bewusstseins
anhebst und dich gegen alles wehrst,
was dich daran hindert,
in Harmonie mit *Spirit* zu leben.

64

Andere zu inspirieren
und selbst inspiriert zu sein bedeutet,
immer mehr wie dein eigener Schöpfer
zu sein; denn wahre Lehrer
sind in der Lage,
andere in den Geist,
von dem sie beseelt sind,
zurückzuführen.

Schließe Frieden mit der Stille,
und erinnere dich,
dass es genau jener stille Raum ist,
in dem du dich
an deinen geistigen Ursprung
erinnern wirst.

66

Tief ins Gebet versunken
wirst du nicht nach Konfliktlösungen
oder Antworten, die vom Himmel fallen,
suchen; du möchtest einfach nur die
Verbindung spüren
mit jemandem,
dem du so wichtig bist,
dass er dir wirklich zuhört.

67

Die, die mit der

Gabe der Inspiration

ausgestattet sind,

verströmen etwas verstandesmäßig

nur schwer Fassbares,

doch du erkennst sie daran,

wie du dich

in ihrer Gegenwart fühlst.

68

Habe Vertrauen.

Vertraue dem Universum,
das endlos ist, endlos schöpft.
Vertraue, dass die Schöpferquelle
alles Seienden
sehr genau weiß,
was SIE tut.

69

Die Macht einer Idee,
deren Zeit gekommen ist, zeigt,
dass der Schöpfergeist
aktiv ist.

70

Du kannst deinen Weg zu
einem sorgenfreien Leben ebnen,
indem du deine Beziehung
zu denen, die du liebst,
zu dir und *zu Gott*
genau untersuchst und reinigst.

71

Praktiziere jeden Tag Vergebung.

Die schwierigsten,
scheinbar unmöglichsten Situationen
sind die wesentlichen!

All deine Fragen, wer du bist,

was dich handeln lässt,

was du deinem inneren Gefühl

nach sein und tun musst,

sind göttlich inspirierte Gedanken.

Sie sind stets begleitet von hilfreicher Führung,

derer du bedarfst,

um diese Ziele zu verwirklichen.

73

Wenn du dich eher auf das,
was du weißt, einschwingst,
als auf das, was du siehst,
dann erkennst du, dass
jeder Gedanke Gottes
sich durch das gesamte
Universum fortsetzt.

74

Wenn du lauschst
und zulässt,
wirst du von Spirit geführt.

Wenn du aber nicht zuhörst
oder wenn du dein Ego
die Oberhand gewinnen lässt,
dann bist du nicht mehr
an *Spirit* angeschlossen –
und fühlst dich
schlicht uninspiriert.

75

Du musst dir wirklich
immer bewusst sein,
dass du es verdienst,
dich inspiriert zu fühlen, dass es
deine wahre Berufung
ist, dich dafür zu entscheiden,
in Spirit zu sein, auch wenn alles
um dich herum
etwas anderes zu sagen scheint.

76

Du solltest davon ausgehen,
dass es in einem Universum,
das geschaffen und gelenkt ist von einer
Intelligenz – größer als dein Ego –,
weder Zufälle noch Unfälle
geben kann.

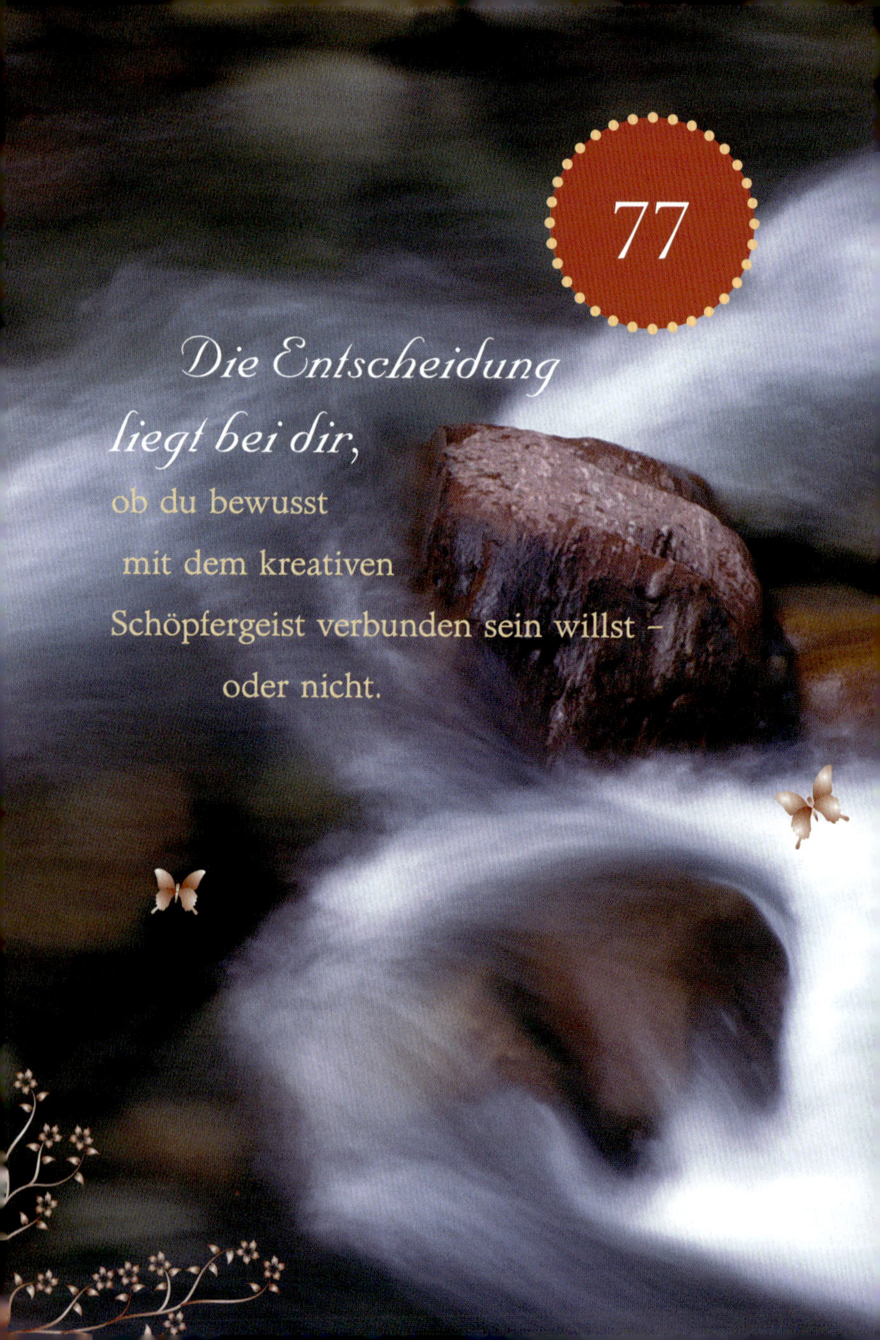

77

Die Entscheidung
liegt bei dir,
ob du bewusst
mit dem kreativen
Schöpfergeist verbunden sein willst –
oder nicht.

Wenn du dich verwirrt fühlst,
weil du nicht weißt, was du tun sollst,
um die Inspiration wahrzunehmen,
dann ist es an der Zeit,
in die Stille zu gehen.
Du kannst sie in deiner Wohnung finden,
in einem Haus am See, auf einer Wiese
oder tief im Wald – es ist einfach ein Ort,
an dem du mit Gott
allein sein kannst.

79

Wenn du wieder in die

perfekte Einheit mit Spirit

eintauchst, siehst du in allem,

was dir begegnet, etwas, das dir dabei hilft,

inspiriert durchs Leben zu gehen.

80

Lebe nach den Worten des Neuen Testaments:

Du bist *auf* dieser Welt,
nicht *von* dieser Welt.

Du kannst auf dieser Welt sein,
ohne an ihr festzuhalten.

Du bist nicht nur dein Körper.

81

Betrachte dich selbst
als einzelne Zelle in einem Körper
namens Menschheit, und gelobe,
eine Zelle zu sein, die mit allen anderen Zellen
zusammenarbeitet und darum weiß,
dass sie zum Ganzen gehört.

82

Wenn dir bewusst ist,
dass du kein Leben führen musst,
das nicht voller Freude und Aktivität ist,

dann kannst du auch
den Weg der Inspiration wählen.

83

Du bist personifizierte Größe,
ein lebender Genius und
kreativer Meister –
egal, was irgendein anderer denkt.
Gib dir innerlich ein Versprechen:

*Ermutige dich,
deine göttliche Natur
zum Ausdruck
zu bringen und zu leben.*

84

Vertraue darauf,

dass jegliche Erfahrung,
die du machen sollst,
bereits auf dem Weg zu dir ist,
und dass Gott dir nichts schicken wird,
was du nicht bewältigen könntest.
Beschließe endlich, das Wort »Angst« aus
deinem Wortschatz zu verbannen,
denn Angst ist nichts als
ein Zerrbild der Realität.

85

Wenn das Gefühl der Inspiration
in dir wächst, kannst du beobachten,
dass du gerne mehr
für andere tun willst
und dich weniger auf dich
selbst konzentrierst.

Tief in dir keimt etwas,
das sich nach dem Ganzsein sehnt,
nach dem inspirierten Selbst:
etwas Unerklärliches, das geduldig
um Anerkennung und um Handlung bittet.
Man kann es als einen Mechanismus
beschreiben, der fortwährend *die Worte*
Fügung, Aufgabe oder *Sinn*
auf deinen inneren
Bildschirm *projiziert*.

87

Inspiration ist *die einfache Erkenntnis, dass Spirit in dir selbst ist.* Es ist die Rückkehr zu diesem unsichtbaren, formlosen Energiefeld, aus dem alles hervorgeht.

88

Um
Inspiration
in deinen Alltag
zu bringen, musst du
sofort jeden Gedanken,
der dich von deiner
Quelle ablenkt,
identifizieren –
und dann
die Richtung
ändern.

89

Wenn du selbst ein
Beispiel für *inneren Frieden* bist,
kannst du damit deinem Wunsch,
anderen ein Quell der Inspiration zu sein,
auf effektive Art Ausdruck verleihen.

90

Deine Haltung deinem Körper gegenüber, auch die Art und Weise, wie du ihn ernährst und fit hältst, muss mit *Spirit* übereinstimmen.

In deinem innersten Wesenskern bist du *pure Liebe*, daher musst du diese Liebe und Wertschätzung immerfort auch auf deinen Körper ausdehnen, um wahrhaft inspiriert zu sein.

91

Gedanken sind Energie:

Erkenne, wie wichtig es ist,
daran zu arbeiten,
nur Gedanken nachzuhängen,
die dich stärken.

92

Arbeite daran,
deinen Glauben
jeden einzelnen
Tag zu stärken: Nimm dir
die Zeit und die Ruhe, den
bewussten Kontakt
mit der schöpferischen Quelle
deines Seins zu suchen.

93

Lerne von Leo Tolstoi,
der sagte: »Das Schwierigste
und Beste ist es, das Leben
zu lieben – es zu lieben, selbst wenn
man leidet, denn das Leben ist alles.
Das Leben ist Gott
– und das Leben zu lieben heißt,
Gott zu lieben.«

94

Eine einzige freundliche Geste,
ein Gefallen, den du jemanden
in Übereinstimmung mit deiner Quelle
erweist, wird andere weitaus mehr
inspirieren als es Vorträge über die
Tugenden verantwortungsvoller Mitbürger
jemals bewerkstelligen könnten.

95

Ehrlichkeit ist eine grundlegende
Voraussetzung, wenn du
in Harmonie mit Spirit leben
und jenen, denen du begegnest,
selbst als Quell der Inspiration
dienen willst.

96

Wenn dich innerlich
etwas zum Handeln antreibt,
weil deine *Schwingungen*
damit in *Harmonie* sind,
und du dies mit möglichst
vielen Menschen teilen willst
– dann fühlst du dich inspiriert.

97

Betrachte dein Leben doch einmal so, *als würdest du einen Plan auffalten*, an dessen Erstellung du, bevor du hier ankamst, mitgewirkt hast. Dadurch würdest du deine Einstellung überdenken: Du würdest nicht mehr äußeren Umständen die Schuld geben, sondern selbst Verantwortung übernehmen.

98

Wenn du dir

Zeit zum Meditieren

nimmst und dabei eins wirst mit *Spirit*,
fühlst du dich danach nicht nur erfrischt,
sondern du wappnest dich auch gegen
alle Versuche, dich dem Zustand
der Inspiration zu entreißen.

99

Erinnere ich daran, dass

dein Körper ein heiliger Tempel,

dein Zuhause für diese Lebensspanne ist;

achte daher jeden Tag auf deine Gesundheit,

selbst wenn du nur wenig Zeit hast

und gerade einmal

um den Block gehen kannst:

Tu es einfach.

100

Dir selbst zu vergeben,

wenn du dich für etwas schämst,
ist von großer Bedeutung.
Was auch immer geschehen ist:
Es war notwendig,
also höre auf, in Reue zu zerfließen,
und ersetze jegliches negative Gefühl
durch Dankbarkeit für das, was du gelernt hast.

101

Eine von Gandhis aufschlussreichsten Beobachtungen war, dass es »im Leben um mehr geht, als es noch schneller vorbeiziehen zu lassen«. Das ist ein guter Rat,

um dein Leben einfacher zu machen.

102

Wie absurd deine
höchste Berufung auch scheinen mag:
Es ist dein ureigener Wunsch,
und er ist authentisch.

*Für andere muss er
keinen Sinn ergeben.*

103

Wenn du dir Zeit zum Lesen,
Meditieren und zum Spazierengehen
in der Natur gönnst, lädst du
*deine geduldig
bereitstehende Führung*
ein, dich mit inspirierenden
Botschaften aufzurütteln.

104

Vermeide weitestgehend inneren Aufruhr, Konflikte und Rastlosigkeit. Schließlich kannst du nicht zu dem *spirituellen Wesen* werden, wonach du dich sehnst, und nicht in der Erkenntnis Gottes leben, wenn du dich innerlich in einem Tollhaus befindest.

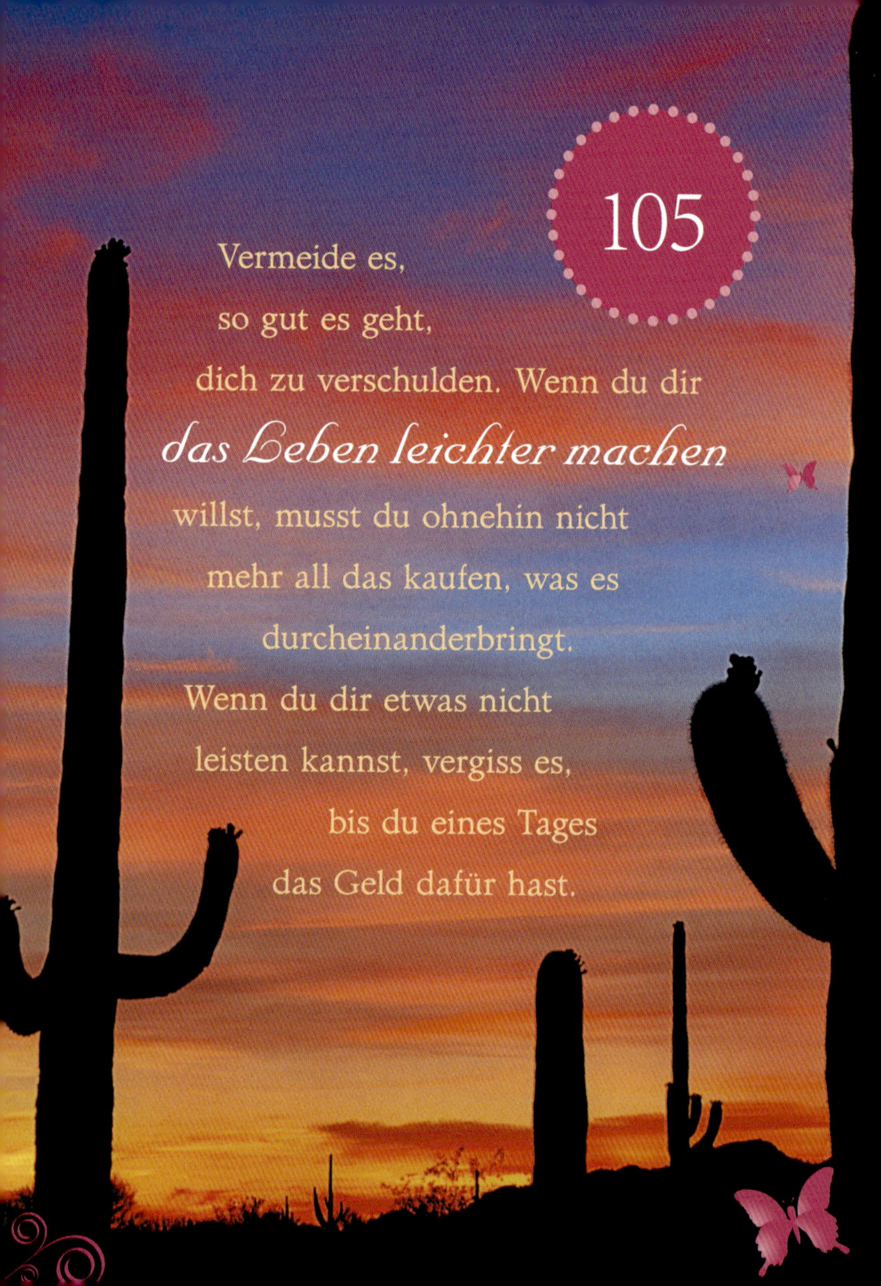

105

Vermeide es,
so gut es geht,
dich zu verschulden. Wenn du dir
das Leben leichter machen
willst, musst du ohnehin nicht
mehr all das kaufen, was es
durcheinanderbringt.
Wenn du dir etwas nicht
leisten kannst, vergiss es,
bis du eines Tages
das Geld dafür hast.

106

Dich oder deine Wünsche
brauchst du vor niemandem
zu rechtfertigen, denn
durch innere Regungen
spricht Spirit zu dir.
Solche Gedanken sind heilig.
Lass also niemals zu,
dass irgendjemand
darauf
herumtrampelt.

107

Die Energie der Quelle wird,
wenn du sie suchst, mit dir kooperieren –
darüber hinaus kannst du
deine Einstellungen neu überdenken und erkennen,
was du aufgrund negativer Gedanken
oder Überzeugungen selbst
angezogen und dann
als Pech ausgelegt hast.

108

Sieh dir deine
Ursprungsfamilie,
die du dir ausgesucht hast,
sowie auch deinen Geburtszeitpunkt
noch einmal genau an.
Überlege dir, wie dir die Menschen
in deinem Leben dabei helfen,
deinem inneren Ruf zu folgen.

109

Arbeite täglich daran,
die Wünsche deines Egos
im Zaum zu halten.

110

Alles in der Natur
lebt im Einklang mit dem Geistigen,
mit *Spirit*. Es ist nicht vom Ego
verdorben und kann es auch niemals sein.

Höre also genau hin,
wenn die Natur zu dir spricht.

111

Wenn du

in Harmonie mit

dem Geist Gottes bist,

kommen Versagensängste erst gar nicht auf

– denn deine Gedanken

schwingen in einer höheren Energie.

112

Mache es dir zur täglichen Gewohnheit,

für den Frieden zu meditieren:
deinen eigenen *und* den der Welt.
Durch die Hinwendung nach innen
strebst du bewusst die Verbindung
mit der Quelle an.

113

Liste einmal
alles auf, was dich
interessiert und begeistert,

auch scheinbar Unwichtiges.
Du verfügst über die Fähigkeit
und über die spirituelle Hilfe,
all dies in deine Realität zu ziehen.

114

Wieder in *Spirit* zu sein,
gibt dir das großartige Gefühl,
im Einklang zu sein mit deiner
wahren göttlichen
Bestimmung.

115

Dein Leben muss offen werden für die geistige Führung,
durch die du inspiriert wirst.
Deshalb solltest du dich darum bemühen,
jenen »schönen Götterfunken«
der Freude zu empfinden.

116

Mit deinem Entschluss,
in Spirit zu leben,
vertraust du dich
etwas Größerem an
als deinem Leben
in einem
physischen Körper.

117

Zelebriere jeden Gedanken,
den du hast, im Wissen
um seinen göttlichen Ursprung; werde dir
deiner enormen Talente bewusst,
und empfinde Ehrfurcht gegenüber
allem, was dich ausmacht.

118

Wenn du die Liebe zum
Zentrum deines Lebens machst –
die Liebe zu Gott, zu dir selbst, zu
deiner Familie und zu deinen Freunden,
zur ganzen Menschheit und
zur Umwelt –, dann werden unglaublich
*viel Unordnung und Chaos aus
deinem Leben verschwinden.*

119

Wenn du dich

auf *Spirit* einlässt,

wirst du wieder zu deiner

innersten Quelle

und ihrer Macht vorstoßen.

120

Deine Gedanken können,
wenn du inspiriert bist,
alle Grenzen auflösen,
die dir jetzt noch als Entschuldigung
dafür dienen, dass du nicht das tust,
wozu du eigentlich auf die Erde
gekommen bist.

121

Du bist, was du denkst.
Denkst du ans Geben,
so wie Gott gibt,
wird das Universum liefern.
Denkst du daran,
dass dir etwas
genommen wird,
dann wundere
dich nicht über
Verluste.

122

Wenn du inspiriert bist, weißt du,

dass Gott immer in dir ist

– und du immer in Gott.

Begrenzende Gedanken zu hegen

ist dir daher unmöglich.

123

Verinnerliche folgende Wahrheit:

Weilst du in Harmonie
mit deinem Schöpfergeist,
aus dem du stammst, dann wird diese
unsichtbare allschöpfende Kraft
für dich tätig.

124

Wenn du dich innerlich
voller Frieden fühlst,
wirst du mehr von
diesem Frieden anziehen,
nach dem du dich sehnst.
Warum?
Weil du selbst zu einem
spirituellen Ort
des Friedens
geworden bist.

125

Fühlst du dich uninspiriert,
so nimm einen
Schwingungsabgleich
vor, damit deine Gedanken
und dein Verhalten wieder
auf deinen Wunsch nach
Inspiration ausgerichtet sind.

Vergiss nicht:
Du bist bereits mit
allem verbunden, was dir scheinbar
in deinem Leben fehlt.
Du brauchst dich nur
bewusst neu auszurichten
und deine Gedanken
mit den Schwingungen des Geistes
zu verbinden, denn er ist,
wie du weißt,
bereits ein Teil von dir.

127

Wenn du dein Sein
durch Meinungen und Gebote
anderer bestimmen lässt,
verlierst du dein Ziel aus den Augen:
ein inspiriertes Leben.

128

Statt dir immer
wieder Ziele zu setzen,
solltest du dir einfach
vornehmen, freudvoll
im Moment zu leben.
Höre auf,
von Zukünftigem
zu träumen, und kehre zurück
zum einzig Realen,
dem Jetzt.
Entscheide,
voll und ganz
in der Gegenwart zu leben.

129

Die grundlegende Wahrheit,

die du kennen und dir ständig

ins Bewusstsein rufen musst,

heißt: *Ich bin göttliche Schöpfung.*

Jede Schöpfung hat ein Ziel.

Ich bin hier,

um wie Gott zu sein!

130

All das,
was dich wirklich begeistert, ist
Ausdruck einer Botschaft
des *göttlichen Geistes*, die besagt:
»Du kannst das – ja, du schaffst es!«

131

Dein Körper ist aus demselben Stoff,
aus dem die Sterne sind.
Ja, es stimmt, aus dem Stoff,
aus dem die Träume sind –
funkelnder, magischer,
wunderschöner,
lichter Sternenstaub!

132

Lass dich ruhig auf Kinofilme,
TV-Sendungen, Spiele oder
Dokumentationen ein,
die von Menschen
oder Organisationen mit einer
Beziehung zu *Spirit* gemacht sind,
denn das hilft dir,

jeden Tag Inspiration
zu erfahren.

133

Sei dir stets bewusst,
dass du einen gesegneten,
göttlichen, perfekten Körper hast,
der alles kann,
was du von ihm verlangst.

134

Lies Biographien historischer
oder zeitgenössischer Personen,
die deiner Vorstellung von
hoher spiritueller Energie entsprechen.
Allein durch die Beschäftigung
mit ihrem Leben verspürst du
ein Gefühl
der Inspiration.

135

Sei auf der Hut,
wenn dir sehr hohe gesellschaftliche
Funktionen angeboten werden,
die aber deinen Zugang zu
freudvoller Inspiration
erschweren würden.
Lehne Angebote,
die dich nicht
wirklich inspirieren,
immer häufiger ab.

136

Wenn du ohne die
geringste Abwertung
oder Arroganz von deiner
eigenen inneren Wahrheit
sprechen kannst, dann
verbindest du dich
wieder mit der Energie,
aus der du überhaupt erst
entstanden bist.

137

Wenn dein Leben anfängt,
allzu verwickelt, zu schnell, chaotisch,
terminorientiert oder stereotyp
zu werden, halte inne und
*erinnere dich an
dein geistiges Wesen.*

Begegne jeglicher Kritik
einfach mit einem höflichen
»Dankeschön, ich werde das
Gesagte überdenken« –
alles andere birgt Konfliktpotenzial
in sich und nimmt dir jede
Möglichkeit, dich inspiriert zu fühlen.

139

Statt dich angesichts
einer Flut schlechter
Nachrichten niedergeschlagen
zu fühlen,

weigere dich in Zukunft einfach,
dich auf irgendetwas
einzulassen,
das dich nicht inspiriert.

140

Gebete ohne Liebe,
die aus einem Gefühl
von Arroganz, Hass oder Angst
gesprochen werden, sind das Werk
des Egos und werden nicht erhört.
Ja, sie werden nicht einmal *an*gehört.

Gottes Botschaft lautet,
ausnahmslos alle Menschen zu lieben,

damit du in Seine Schwingungsharmonie
gelangst.

141

Es wird deinen Lebensweg leichter machen

und dich inspirieren, wenn du ihn spielerisch angehst, statt ihn erarbeiten zu wollen.

142

Denke einmal über ein
paar höchst inspirierende Menschen
in deiner Umgebung nach,
und sage ihnen ganz genau,
warum du sie bewunderst.
Indem du deine Wertschätzung
mitteilst, wirst du dich selbst
inspiriert fühlen.

143

In einem Zustand
der Harmonie
und der Ruhe
sendest du eine ebenso harmonsiche
Schwingungsfrequenz aus,
die sich auf alle Lebewesen auswirkt,
auf Pflanzen und Tiere ...
auch auf Babys.

144

Zur Lösung des Armuts-
und Verknappungsproblems
stehen dir die richtigen Antworten
schon zur Verfügung und könnten
bereits morgen umgesetzt werden,
wenn du dich nur daran erinnern würdest,
dass wir alle denselben
Ursprung haben
und zu ein und derselben Quelle
zurückkehren werden,
der wir entstammen.

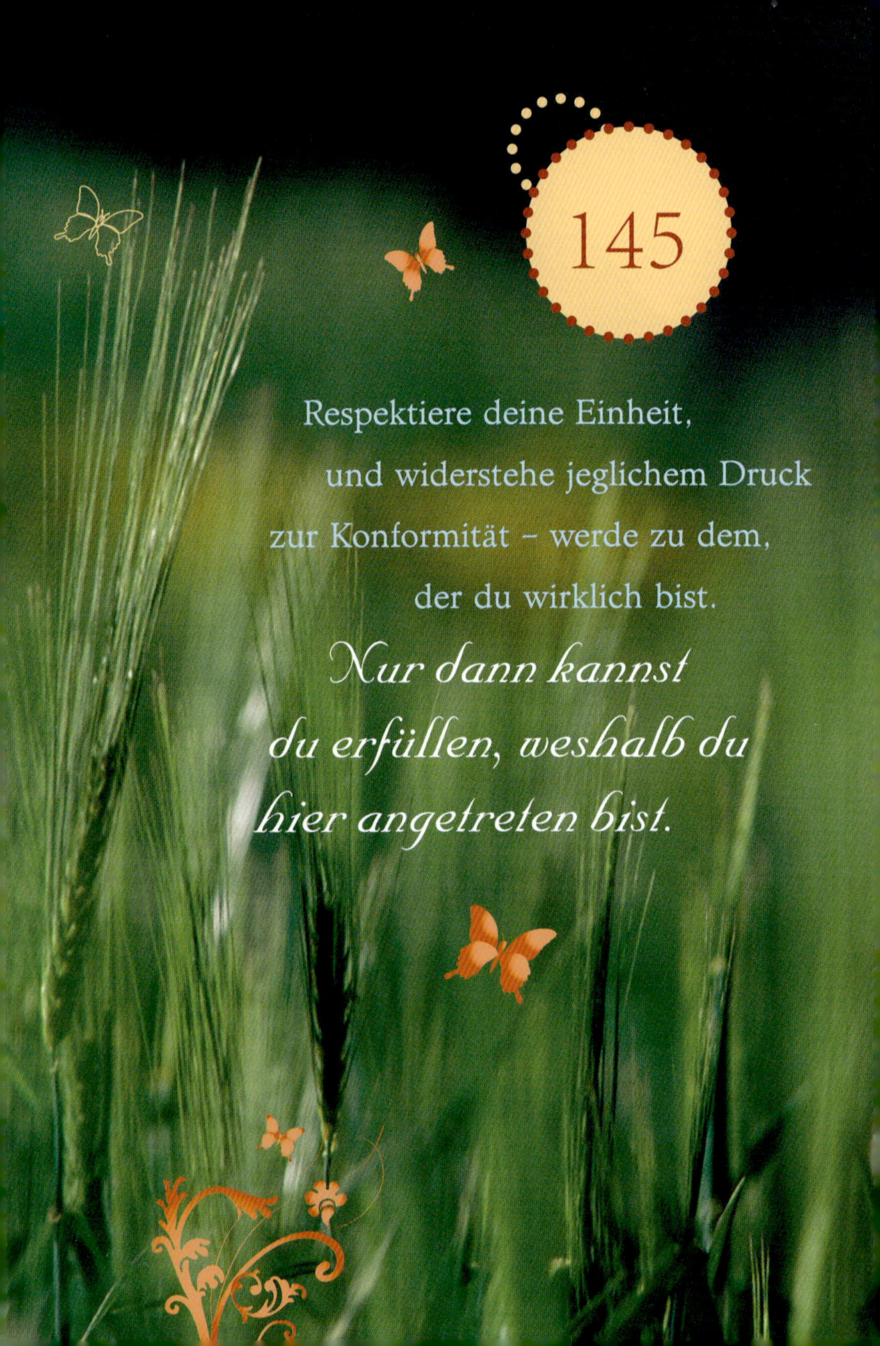

145

Respektiere deine Einheit,
und widerstehe jeglichem Druck
zur Konformität – werde zu dem,
der du wirklich bist.

*Nur dann kannst
du erfüllen, weshalb du
hier angetreten bist.*

146

Sei ein guter Zuhörer.

Das gibt dem Menschen,
der zu dir spricht, das Gefühl,
geliebt und geachtet zu werden,
es wert zu sein,
dass man ihm zuhört.

147

Großzügigkeit

ist offensichtlich einer der Wege,
Gott ähnlicher zu sein.
Du weißt, dass du inspiriert bist,
wenn du Großzügigkeit
im anderen wahrnimmst.

148

Worauf auch immer
du dich mit
dem Schöpfer geeinigt hast,
bevor du diese
physische Form
angenommen hast:
Genau jetzt kannst du es
wahr werden lassen.

149

Tägliche Meditationspraxis lässt dich
ruhiger und friedvoller
werden. Du wirst sehen, wie andere,
mit denen du vorher leicht
aneinandergeraten bist,
dich jetzt weniger aufregen.

150

Es gibt nichts Mächtigeres
auf diesem Planeten als
alle Zweifel aus
deinem Leben zu verbannen
– und zu vertrauen.

151

Wenn es dein Wunsch ist, zu

Erfolg und Wohlstand

zu kommen, dann hege entsprechende Gedanken des Wohlstands und des Erfolges, denn diese werden den Manifestierungsprozess in Gang setzen.

152

Durch das Gefühl,
gut (wie Gott) zu sein,
hast du die Möglichkeit,
eine Kraft zu sein,
die niedrigere Energien
in spirituelle umwandelt.

Nimm dir beim Aufwachen
irgendetwas vor, das die
Lebensqualität
eines anderen Menschen verbessert,
ohne dass du einen
Vorteil davon hast.

154

Wie uns das Gebet des heiligen Franziskus lehrt, ist es *das Geben, durch das du nehmen wirst*: Um also zu Inspiration zu gelangen, *musst du bereit sein zu inspirieren.*

155

Vergiss nicht:
Dein Körper und dein Geist
tragen die Lösung für alle Probleme
bereits in sich, sie sind die
umfangreichste Apotheke,
die jemals existierte. Da sie aus
Gesundheit
und Wohlbefinden
entstanden sind, können
sie auch jederzeit wieder
dorthin zurückkehren.

156

Denke daran, dass du nichts,
auch nicht gemeinsam mit deiner
spirituellen Quelle, erschaffen
kannst, wenn du dich nicht
in Harmonie befindest.

157

Du brauchst nichts, überhaupt nichts Neues zu lernen, um mit deiner Quelle zu kommunizieren und *einen bewussten Kontakt herzustellen* – du hast alles bereits in dir.

158

Auch wenn du fern von
deiner Heimat, zum Zwecke
dieser menschlichen Erfahrung
hier bist, kannst du dir sicher sein,
dass du doch *niemals von Gott*,
der Quelle, die alles mit
lebenserhaltender Energie versorgt,
vergessen wirst.

159

Den Zugang zu deiner Quelle

stellst du mit folgender Affirmation her:

Ich bin ein von Grund auf ewiges und spirituelles Wesen – nur das kann ich sein. Ich kann mich nach innen wenden und versuchen, wie Gott zu sein – mit all meinem Tun und Denken.

160

Wenn du mit Gott kommunizieren möchtest,

solltest du Ablenkungen
tunlichst vermeiden;
in der freien Natur zu weilen,
fern vom Geräuschpegel des Alltags,
ist dabei sehr hilfreich.

161

Wenn du *in Spirit* bist,
fühlst du dich
optimistisch.
Du bist beseelt von der
inneren Gewissheit,
dass nichts einen Gedanken,
dessen Zeit kommen wird
oder der bereits existiert,
beeinträchtigen
kann.

In inspirierten Momenten
erkennst du, was für ein
Vergnügen du am Leben
und an deinem Tun hast,
ob du nun Tennis spielst oder deinen
Kindern bei den Hausaufgaben hilfst,
ja sogar, wenn du deine
Wohnung aufräumst.

163

Als Folge des immer
tiefer gehenden Inspiriertseins
erkennst du Spirit
praktisch in jedem,
dem du begegnest.

164

Anderen zu vermitteln,
dass du ihnen zuhören möchtest,
weil du ihre Mitteilungen
als wertvoll erachtest,
zeigt deine *Anteilnahme*.
So kannst du inspirierend wirken
und zuhören.
Wie Gott.

165

Die Sprache des Geistes lässt sich oft durch wiederholte Ereignisse oder Gedanken erkennen, damit du dich *auf deine Quelle ausrichtest.* Mit anderen Worten: Es sind dies keine Zufälle – deine Lehrer geben dir quasi kleine Schläge auf den Hinterkopf!

166

Inspiriert zu sein

ist eine äußerst freudvolle Erfahrung:

Du fühlst dich vollkommen angeschlossen an deine Quelle und absolut am richtigen Platz.

Deine Kreativität fließt und erfüllt deinen Alltag mit hochfrequenter Energie.

167

Mein Leben ist größer, als ich es bin.

Erinnere dich immer wieder an diese Aussage.

Schreibe sie auf, und platziere sie an gut sichtbaren Stellen in deiner Wohnung, in deinem Auto oder an deinem Arbeitsplatz.

168

Spiegeln deine Gedanken Hass,
Verurteilung oder
Ablehnung wider, so
sei dir bewusst,
dass du dich von
deiner Quelle entfernst.

169

In einem Universum,
das gelenkt wird von der
Energie der Quelle, die in Form
ihrer Schöpfung endlose,
wahre Wunder kreiert,
gibt es keine Zufälle.

170

Im Laufe deines Lebens *bindet dich die Inspiration* als ein Gedanke oder eine Idee wieder *an die Energie an*, deren Teil du warst, bevor du dieses einzelne Partikelchen wurdest. Dies nennt man dann: seinem Schicksal vertrauen und sich selbst die Erlaubnis geben, den Ruf zu hören.

171

Wenn du über dein Leben
hier auf Erden nachdenkst,
kommst du nicht um die Erkenntnis herum,
dass jede deiner Erfahrungen
wieder zu jenem Sternenstaub wird,
der von *Spirit* zur
Quelle zurückgeführt wird.

172

Jede auf die Vergangenheit
gerichtete Energie ist
eine ideale Basis für Schuld –

und das Ego liebt Schuld.

Solche negativen Energien dienen
als Entschuldigung für dein gestörtes
gegenwärtiges Erleben und bieten dir eine
gute, jedoch faule Ausrede,
dich von *Spirit* abzutrennen.

173

Selbst wenn du nicht mehr weißt, was du tun sollst oder was dein Auftrag ist, solltest du trotzdem daran arbeiten, *deine Wünsche wahr werden zu lassen.*

174

Wenn du inspiriert bist,
ziehst du Fülle an aus dem,
woraus du abstammst. Und dann
überwindet dein Geist
wahrlich jegliche Begrenzung.

175

Die Reise
zu dem Punkt,
an dem du dich sinnerfüllt
und inspiriert fühlst,
beginnt mit dem Streben,
in Gedanken und Taten
wie Gott zu sein.

176

Suche

selbst in verheerenden
Naturkatastrophen wie
Wirbelstürmen, Tsunamis,
Überflutungen, Feuersbrünsten und Ähnlichem

nach dem Guten.

Aus der Perspektive der Ewigkeit
gibt es keinen Tod.

Wenn du über deinen Schöpfer kontemplierst,

wird dir bewusst,
dass Gott einfach gibt und gewährt,
ohne etwas zurückzuverlangen.

178

Wenn du inspiriert bist, erfährst du die
Rückbindung an die Quelle deines Seins.
Du verlässt die Welt der Begrenzungen
und betrittst den Raum
des schöpferischen Wissens.

179

Jedes Problem
zeigt eigentlich nur
deine Unfähigkeit,
dich in diesem Augenblick
bewusst mit deiner Quelle
zu verbinden.

180

Je mehr du dich
im Teilen übst,
statt beständig zu fragen,
was für dich dabei herausspringt,
desto mehr fließt zu dir zurück,
wenn du dies am wenigsten erwartest.

181

Wenn die Inspiration
sich in dein Bewusstsein drängt,
frage dich,
ob du zur Zeit dem entsprichst,
der du eigentlich sein willst und
wofür du auf die Erde gekommen bist.

Lass nur solche Energien in dein Herz,

die im Einklang sind mit

deiner wahren Berufung,

dem Wunsch nach Inspiration.

183

Die Reise, die du auf *dein inneres Drängen* hin unternimmst, ist keine schulische Leistung: keine Hausarbeiten, keine Zeugnisse und keine Abschlussprüfungen.

184

Sobald du in einen

Zustand der Inspiration

gelangst, indem du dich
mit einem größeren Ziel, einem
außergewöhnlichen Projekt
verbunden fühlst,
gibst du dich hin.

185

Indem du dich zu 100 Prozent der Wahrheit verpflichtest,

sendest du das Signal aus, dass du mit deiner Quelle übereinstimmst; damit wirst du andere sehr viel eher dazu inspirieren, aus ihrer eigenen Wahrheit heraus zu leben, als es tausend Predigten über die Zehn Gebote oder etwas Vergleichbares je könnten.

186

Jedes Mal, wenn dich jemand
dazu bewegen will,
dich anzupassen, sage diese Affirmation:
Ich bin ein einzigartiger Ausdruck Gottes.

*An mehr brauchst du
nicht zu denken.*

187

Alles, was nicht aus *Spirit*,
dem Geiste Gottes, kommt,
wie Angst, Krankheit, Sorge, Scham,
Ärger oder Ähnliches,
ist deine Aufmerksamkeit
nicht wert.

188

Schau nicht immer auf das, was geschehen ist und was du durchgemacht hast; *lenke deine Aufmerksamkeit lieber nach oben,* und harmonisiere deine Schwingungen mit *Spirit.* Nur so werden spirituell ausgerichtete Gedanken an deine Tür klopfen.

189

Vertrauen ist das innere Wissen,

dass der allschöpfende göttliche Geist
dir alles zur Verfügung stellt: genau das,
was du brauchst, genau dann,
wenn du es brauchst.

190

Erteile denjenigen, die gerne
Schuld zuweisen oder konfrontieren,
deinen stillen Segen,
und bewege dich so schnell
wie möglich aus ihrem Dunstkreis.

191

Wenn du dich
in deiner Haut unwohl
fühlst, denke daran: Dieselbe Macht,
die deinen Körper geschaffen hat,
kann ihn auch wieder
in den ursprünglichen
Zustand des
Wohlbefindens
versetzen.

192

Das Ego ist nur eine Illusion …

Frage dich also, ob du dich weiterhin von einem Zerrbild kontrollieren lassen willst oder ob du nicht lieber dem auf den Grund gehen möchtest, was wahr ist und sich nie verändert.

193

Konzentriere dich

gezielt auf
die Nutzung
der natürlichen
Heilkräfte
deines Körpers.

194

Die unsichtbare Realität,
in der alles Leben seinen Ursprung
nimmt, ist mächtiger und wichtiger
als dieser winzige Einschub in die Ewigkeit,
den man Leben nennt oder
»das Intermezzo zwischen
Geburt und Tod«.

195

Gönne dir mindestens
einmal am Tag die Erfahrung,
etwas wegzugeben
– ohne Anerkennung
oder Dank
dafür zu erwarten.

196

Darüber nachzugrübeln,
wo du dich geirrt oder was du in
der Vergangenheit falsch gemacht hast,
ist ein *Hindernis* für ein
inspiriertes Leben.

197

Tief in dir drinnen schlummert dein Wissen
über die Form, die dein Leben annehmen soll.
Du kannst seine Stimme vernehmen,
aber zunächst musst du dich dem
göttlichen Plan, den du vor deiner
Zeugung unterschrieben hast, unterwerfen.

198

In unserem Universum herrscht
eine Kraft, der du zu 100 Prozent
vertrauen kannst. Sie schöpft
und manifestiert aus Liebe,
und ihre Ziele sind Zusammenarbeit,
Schönheit und Ausdehnung. Zu diesem
perfekten Walten von *Spirit*
kannst du jederzeit zurückkehren,
um Inspiration
zu erfahren.

199

Reflektiere den Gedanken,
dass »die mächtige Eiche einst
aus einer kleinen Eichel, die sich im
Boden festkrallte« entstanden ist.
Du bist eine mächtige Eiche, die
im Entstehen begriffen ist
– sei ruhig eine
»kleine dumme Nuss«,
während du dich
am Boden festhältst!

200

Jeder einzelne Mensch,
der in dein Leben trat und
es wieder verließ, ist Teil
deines Weges
zur Göttlichkeit.

201

Suche die Verbindung zu
Menschen mit
hoher Schwingung,
und meide jene mit
egoorientierten Verhaltensmustern.

202

Wisse, dass du
an einen andauernden
Strom des Wohlbefindens
angeschlossen bist, und lass dich
in deinem Streben nach Inspiration
von diesem Wissen leiten.

203

Jeder deiner Wünsche ist eine

Energieschwingung.

Lässt du diesen Wunsch in Form

eines Gedankens frei,

so schwingt er sich auf die

Energie deiner

spirituellen Quelle ein.

204

Wenn du dich in Harmonie
mit *Spirit* befindest, dann
bist du wahrlich
wie Gott,
und euer Streben
ist dasselbe.

205

Wenn du den Beifall der
anderen willst, musst du aufhören,
dich darum zu bemühen; entwickle dich
stattdessen zu einem inspirierten Wesen
– und teile.

206

Räume die Hindernisse,
die von dir und deiner schädlichen
Umwelt errichtet wurden, aus dem Weg,
dann kann *wahre Heilkraft*
durch dich fließen.

207

Dein Leben wird
sehr viel leichter,
wenn du dich nicht mehr
gegen jeden verteidigen musst
und Unterstützung anstelle
von Kritik erfährst.

208

Erinnere dich, dass du einer
Quelle reinster Liebe
entstammst.
Ein einfaches Leben bedeutet,
dass du diese Liebe zur tragenden
Säule deiner materiellen
Existenz machst.

209

Ziehe eine Bilanz aus den negativen Begegnungen in deiner Vergangenheit. Suche nach neuen Sichtweisen, sie als *verkleidet daherkommende Geschenke* zu begreifen.

210

Alles, was Leidenschaft,
Begeisterung und Inspiration in
dein Leben bringt, ist bereits
auf dem Weg zu dir.

Sprich diese Affirmation:
Es wird zur rechten Zeit und in einem solchen Ausmaß geschehen, dass ich es mir kaum vorstellen kann.

211

Gestatte dir,
aus deinem Alltag auszubrechen.
Zelte im Freien, schwimme im Fluss,
im See oder im Meer,
setze dich an ein Lagerfeuer oder
gehe Skilaufen. Wo immer du lebst:
Du bist nur ein paar Stunden
(oder gar Augenblicke!)
von der Verbindung
mit dem gesamten
Universum entfernt.

212

Lache einfach mal darüber,

wie wichtig du –

ebenso wie so viele andere –

den Alltag nimmst. Aus der Perspektive

der Ewigkeit ist diese schwere Last

doch ganz leicht.

213

Wenn du *in Spirit* bist,
ist es dir möglich, jederzeit
jede Richtung einzuschlagen, denn
alles spielt sich zunächst
nur in deinem Kopf ab.

214

Nimm dir mehr Zeit,
anderen zuzuhören.

Beachte einmal,
wie schnell du unterbrichst und
dann das Gespräch an dich reißt.
Und dann entscheide
ganz bewusst zuzuhören.

215

Das System, in dem du lebst, wird von

der höchsten Intelligenz

gelenkt, und du bist Teil

dieses Systems – das heißt, dass

alles mit Absicht geschieht.

216

Lass nicht zu,
dass Geld zur Richtlinie
deines Handelns wird;
mach dir dein Leben leichter:
Kehre zum Wesentlichen, zu *Spirit*,
zurück, indem du in allem
den inneren Wert entdeckst.

217

Wisse, dass du und
all deine Mitmenschen
einen Teil Gottes oder des
Geistes darstellen,
der sich hier auf unserem
Planeten offenbart.

218

Um inspiriert zu sein,
musst du deine einzigartige
Individualität aufrechterhalten,
während du dich gleichzeitig
mit deiner Quelle
und mit allem und jedem
in diesem Universum
verbunden siehst.

219

Auf dieser Welt
ist absolut nichts, das nicht
perfekt getimt ist.

Es gibt keine unzeitgemäßen
Todesfälle oder Fehler

– was dir passiert,
gehört zu dir,
es geschieht und geschah
genau zum rechten Zeitpunkt.

Pflege den ruhigen Austausch
mit Gott; wisse und vertraue darauf,
*dass spirituelle Führung
jederzeit verfügbar ist.*

221

Im Zustand der Inspiration
bist du bereits mit allem,
was du brauchst, verbunden

– was passiert, ist eine innere Neuausrichtung, wodurch alles, jede Begebenheit und jeder Mensch in dein Leben treten kann.

222

Unternimm den Versuch,
täglich eine gewisse Zeit in einem
Zustand der Meditation
zu verbringen. Lass dann alle
Vorstellungen über Zeit, Raum und
Linearität los.
Erlaube dir, einfach zu sein ...

223

Was immer in
deinem Leben passiert:
Es ist Teil des perfekten
universellen Plans.

224

Vielleicht willst du dich
von deiner Arbeitsstelle, deinem Wohnort
oder gar deiner Beziehung lösen –
zunächst scheint das alles schrecklich.
Aber wenn die Signale sich häufen und
in deinem Inneren auf Resonanz stoßen,
dann wage den Schritt
– und du erkennst, dass du aufgebrochen
bist zu einem inspirierten Leben.

225

Mach dir klar, dass
uninspirierte Gedanken und Handlungen
– solche, die nicht in Übereinstimmung
mit dem Geist Gottes stehen –
schädlich sind für *dein* Wohlergehen und
das der *ganzen* Menschheit.

226

Wenn du einen Lehrer suchst,
hüte dich davor, rein intellektuelles Auftreten
für Inspiration zu halten.
Auch mit den höchsten intellektuellen
Auszeichnungen kann man von der
geistigen Dimension doch
völlig getrennt sein.

227

Um den Zustand der Inspiration wiederzuerlangen,

untersuche zunächst einmal,
was das Ego in deinem Leben
angerichtet hat, und dann widerstehe
entschlossen dem gewaltigen Druck
des Egos *deines Kulturkreises.*

228

Tief in dir weißt du,
dass das einzig wirklich Wichtige
die Ausrichtung
auf Spirit ist.

229

In der Gegenwart eines inspirierenden
Menschen passiert etwas auf der Energieebene.
Auch wenn du es nicht sehen, anfassen,
riechen oder hören kannst,
erfährst du doch
einen Energieschub,
der dir ein unglaubliches
Wohlgefühl vermittelt.

230

Die Erkenntnis,

dass das Ego Verrat an

deiner wahren Größe begeht,

befreit dich letztendlich von

seiner Anziehungskraft.

231

Mache dir klar,

wie sehr du andere für dich darüber
hast entscheiden lassen,
was du machst, wo und mit wem du lebst,
ja sogar, wie du dich behandeln lässt.

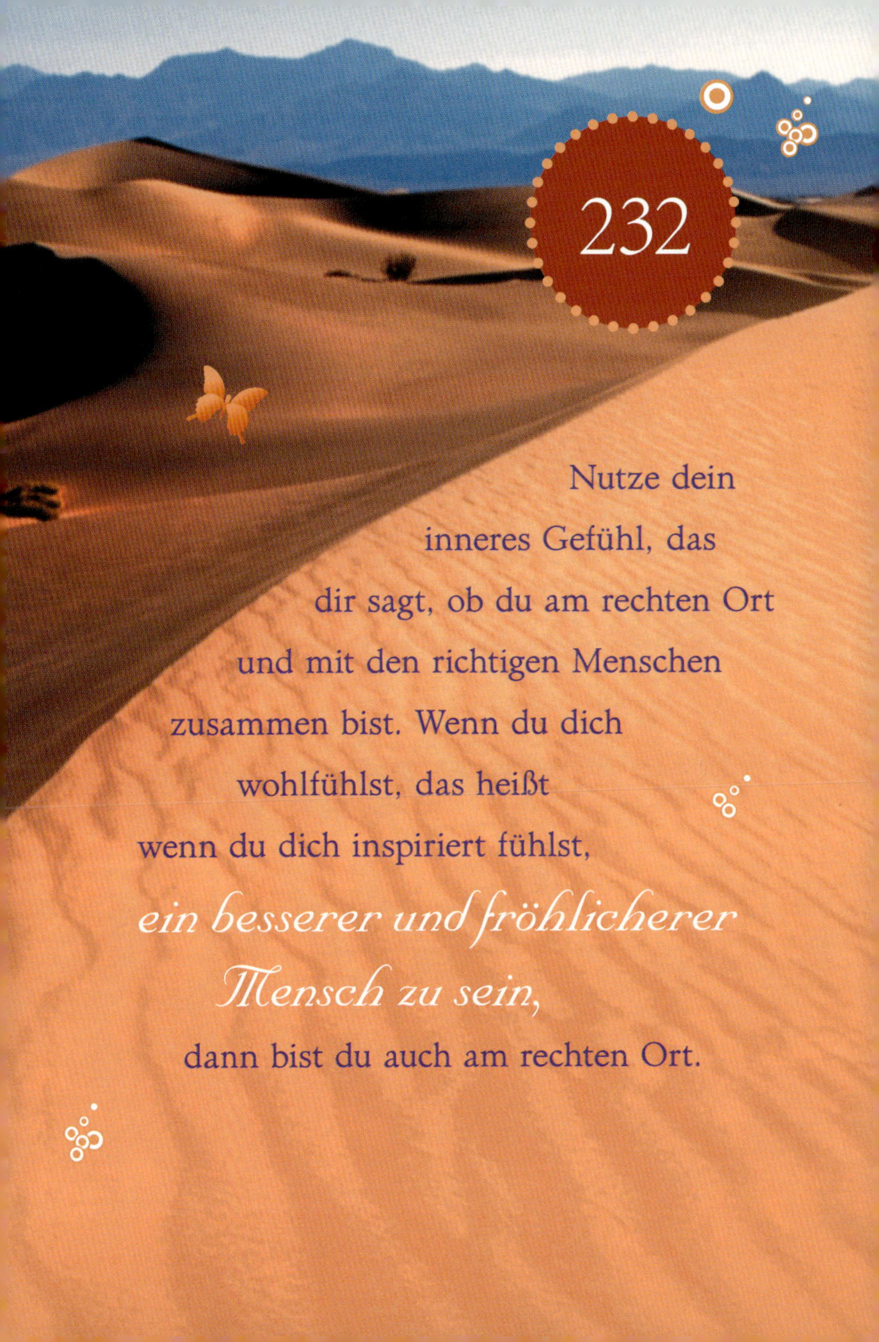

232

Nutze dein
inneres Gefühl, das
dir sagt, ob du am rechten Ort
und mit den richtigen Menschen
zusammen bist. Wenn du dich
wohlfühlst, das heißt
wenn du dich inspiriert fühlst,
ein besserer und fröhlicherer
Mensch zu sein,
dann bist du auch am rechten Ort.

233

Betrachte einmal
deine Freizeitaktivitäten
dahingehend, ob Gewalt
in irgendeiner Form im Spiel ist.
Trachte zukünftig danach,
dich von Energien zu befreien,
die deinem Wunsch nach *Inspiration*
widersprechen.

234

Durch eine Neuausrichtung
im Einklang mit dem
Geist sprießt Inspiration
im Blumenbeet
der Harmonie.

235

Spirituelle Lehrer
haben ihre Alltagsenergie
so stark angehoben,
dass sie anderen allein
durch ihre Anwesenheit
Inspiration sind –
und dies zu
erreichen sollte
auch dein Ziel sein.

236

Der Satz *Ich erwarte Wunder*
ist mehr als ein New-Age-Slogan:
Er beinhaltet das, was du fühlst,
wenn du jeden Tag *in Spirit* lebst.
Angst und Furcht, Zweifel und Unfähigkeit
gehören nicht mehr in dein Leben,
du betrittst eine neue,
wundervolle Welt,
in der alles möglich ist.

237

Alles, was du in deinem
Leben brauchst oder willst,
macht sich auf den Weg,
wenn du *in Spirit* bist: die richtigen Leute
tauchen auf, materieller Wohlstand stellt
sich ein, deine Umwelt bewundert dein
begeistertes Engagement, du wirst für
andere zur Quelle der Inspiration

Wenn du Dankbarkeit zeigst,
statt in einer Erwartungshaltung zu
verweilen, wirst du, wo immer du gehst,
automatisch Inspiration verbreiten.

239

Überwinde deine Trägheit,

denn träge zu sein bedeutet,
aktionslos zu sein.
Werde zu einem bewegten Menschen.
Betätige dich körperlich, erledige endlich
dieses immer wieder aufgeschobene
Telefongespräch oder schreibe den
seit langem geplanten Brief.

240

Morgens, noch bevor du
ganz wach bist, und auch abends
kurz vor dem Einschlafen solltest du dir
ein oder zwei Minuten
mit Gott gönnen.
Versetze dich in einen Zustand
der Wertschätzung und sprich laut:
»Ich will mich gut fühlen.«

241

Beobachte
andere und ihr Verhalten,
selbst diejenigen,
deren Tun
ganz im Gegensatz zu einer
inspirierten Welt
steht, und sende ihnen
Liebe.

Ohne ein verändertes Bewusstsein
führt kein Weg zur Inspiration
– wenn du dies erreicht hast, machst du
dir selbst das größte Geschenk:
dich aus dem negativen Mangeldenken
und der Begrenzung wegzubewegen,
hin zu deiner Herrlichkeit und Pracht,
mit denen *ein unglaubliches*
Wohlgefühl einhergeht.

243

Dein Verstand weiß,
du befindest dich in einem Universum,
das von einer kreativen und
organisierenden Intelligenz gestützt
wird; und du weißt, dass sie dich
durchströmt.

244

Wir verfügen über Bewusstsein und die Kraft der freien Entscheidung;

wenn du in dir also eine Neigung zum Sarkasmus entdeckst, sei so intelligent und ziehe Alternativen zu diesem Verhalten in Betracht.

245

Von etwas Größerem inspiriert zu sein
erlaubt es dir, dich in deinem Kern als
spirituelles Wesen
mit der Fähigkeit zu menschlicher
Erfahrung zu fühlen
– anstatt anders herum.

246

Durch Dankbarkeit und Demut
zeigst du allen, die dir begegnen,
dass du mit etwas Größerem als dem
rein körperlichen *Leben*
verbunden bist.

247

Frieden erlebst du notwendigerweise nicht nur dort, wo es keinen Streit oder Ärger gibt; friedvoll zu sein bedeutet vielmehr, dass du *inmitten* eines Getümmels

Ruhe in dir spürst.

248

Wenn du zutiefst ins

Gottesbewusstsein

eintauchst, kann nichts falsch

laufen. Alles, was du brauchst,

wird in dein Leben treten,

und du weißt, dass etwas viel

Größeres als dein eigenes

Leben in dir und

deiner Umwelt wirkt.

249

Jede hasserfüllte Botschaft
ist Energie ohne Spiritualität.
Je mehr du dich bewusst
dieser Energie auslieferst,
*desto stärker ziehst du sie
in dein Leben.*

250

Deine *Schwingungen* kannst du in Form von Gedanken auf diejenigen lenken, die weitgehend im Einklang sind mit deinen Wünschen. Dann kannst du langsam die notwendigen Maßnahmen ergreifen, damit deine Inspiration spürbar wird.

251

Wenn du deine Schwingungen
weiterhin spirituell ausrichtest,
empfindest du schiere Begeisterung.
Alles andere, das einst
ein Sorgenquell war,
tritt einfach nicht mehr in dein Leben,
weil es für dich gedanklich
bereits erledigt ist.

252

Wenn du statt
Enttäuschung die Inspiration favorisierst
oder Leidenschaft und Begeisterung
statt Gleichgültigkeit und Apathie,
dann musst du notwendigerweise
deine Selbstwahrnehmung
verändern.

253

Im Zustand der Inspiration
bist du an eine
geistige Kraft
angeschlossen,
die in jeder Beziehung
größer ist als
dein physisches Sein.

254

In dieser Welt sind scheinbar
viele vom Bösen angetrieben;

*du musst dich aber hüten,
einer Kraft, die gar nicht wirklich
existiert, Macht zuzubilligen.*

Tatsächlich ist es so, dass diese Menschen
gegen sich selbst und ihre ihnen
innewohnende Kraft leben
und sich damit einfach nur
von ihrer Quelle entfernen.

255

Du musst dich selbst
als spirituelles Wesen
wahrnehmen, frei von
Begrenzungen und voller
Vertrauen auf die jederzeit
zur Verfügung stehende
göttliche Führung.

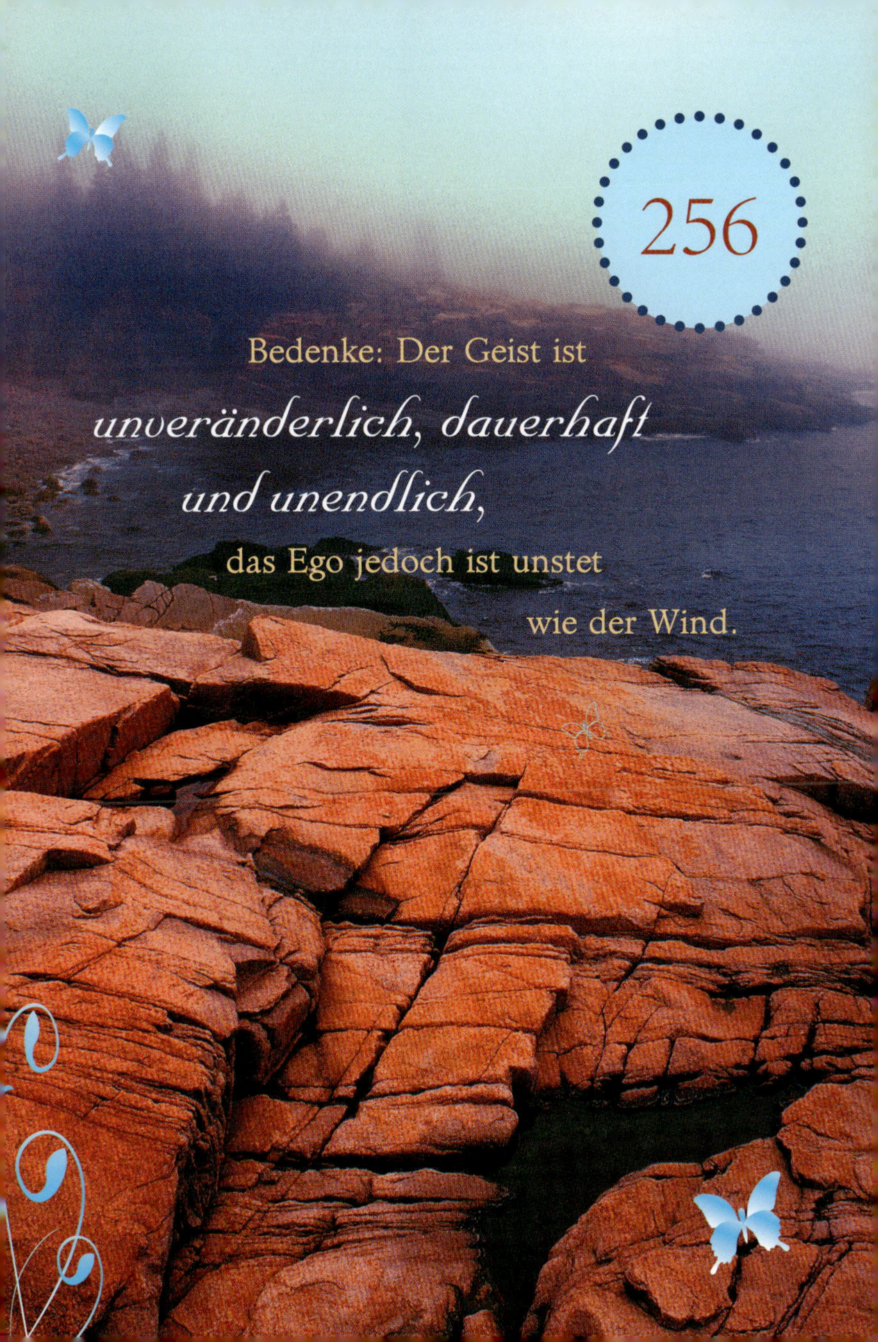

256

Bedenke: Der Geist ist *unveränderlich, dauerhaft und unendlich,* das Ego jedoch ist unstet wie der Wind.

257

Vernimm Michelangelos Worte:
»Für die meisten liegt
die *Gefahr* nicht etwa darin,
dass sie ihre Ziele zu hoch stecken
und nicht erreichen,
sondern dass sie sie zu niedrig
stecken und an die Markierung
stoßen.«

Vertraue zutiefst
deiner ganz eigenen Fähigkeit,
schlummernde Kräfte zu
aktivieren und anzuziehen.
Visualisiere dich als Wesen,
das diesen scheinbar trägen Kräften
befehlen kann, für dich zu arbeiten.

259

Ein inspiriertes Leben bedeutet,
darauf bedacht zu sein,
das Leben ziehen zu lassen,
während man gleichzeitig beobachtet,
wie es wieder zurückkehrt.
Dadurch festigt sich
die Überzeugung,
dass alles zur rechten Zeit
zur Verfügung steht.

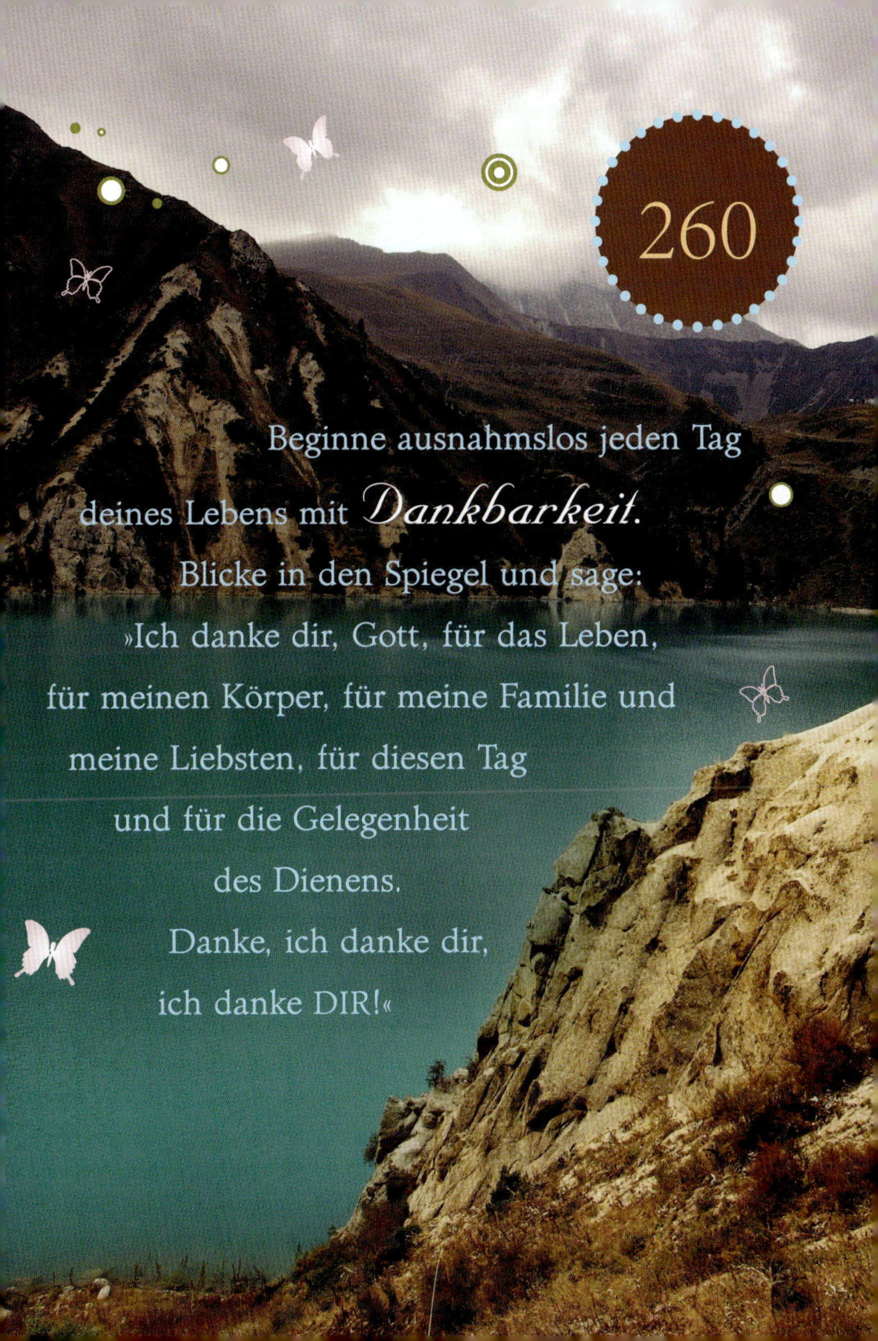

260

Beginne ausnahmslos jeden Tag
deines Lebens mit *Dankbarkeit*.
Blicke in den Spiegel und sage:
»Ich danke dir, Gott, für das Leben,
für meinen Körper, für meine Familie und
meine Liebsten, für diesen Tag
und für die Gelegenheit
des Dienens.
Danke, ich danke dir,
ich danke DIR!«

261

Du kamst von einem ruhigen,
friedvollen Ort, aus der reinen Essenz
der Schöpfung; wenn daher dein Kopf voll
ist mit nervtötenden Selbstgesprächen,
nimmst du dir die Möglichkeit,
dich an deinen Spirit zu erinnern.

262

Lebe dein Leben
in dem Bewusstsein,
dass dein wahres Wesen
unsterblich ist.
Dieses tröstliche Wissen
erlaubt es dir,
Sorgen hinter dir zu lassen
und inspiriert zu sein.

263

Du kannst dich mit dem All-Wissen
verbinden, indem du

wie Gott denkst

– indem du in Gedanken und Taten
sein energetisches Ebenbild bist,
indem du dankbar bist und
indem du an andere denkst
sowie ihnen gibst,
wonach du dich
selbst sehnst.

264

Allein die Frage,
ob du in der Lage bist,
ein inspiriertes Leben
zu führen,
zeigt deinen Widerstand.
Reflektiere über diesen Gedanken,
denn er bedeutet, dass du in
deiner spirituellen Suche
nicht stabil bist.

265

Wer hat dir in der
Vergangenheit Böses zugefügt?
Und nun überlege dir,
ob dies im Grunde nicht nur
verschleierte, dass du selbst
dein eigenes Glück
behindert hast ...

In deinem Wesenskern,
an dem Ort, von dem du stammst
und zu dem du zurückkehrst,
ist nichts und niemand
zu verurteilen.

267

Wenn andere versuchen,
dir Schuldgefühle oder Angst einzuflößen
oder wenn sie Dinge sagen,
die nicht dem göttlichen Geist entspringen,
dann übe dich darin,
aus dieser Situation
herauszutreten
und dir zu sagen:
»Das hat nichts mit mir zu tun,
ich lasse das nicht an mich heran
und ich werde mich nicht
von *Spirit* entfernen.«

268

Deine

innere Stimme

ist unglaublich mächtig.

Auf sie sollst du

bei deiner Suche

nach Inspiration

vertrauen.

269

Wenn du dich
beharrlich weigerst,
nach den Vorstellungen anderer
zu denken und zu handeln,
verliert der Druck, dich anzupassen,
an Macht.

270

Wenn du dich
an deine Quelle anschließt,
aktivierst du die Kraft,
die dir dabei hilft, deine Aufgabe
zu erkennen – die Inspiration wird
dann automatisch in dein Leben
treten, selbst wenn du bereits
aufgehört hattest,
über sie nachzudenken.

271

Alle Schuld
und jedes schlechte Gewissen
dient einfach nur dazu,
den einzigen Augenblick,
über den du
wirklich verfügst,
zu vermeiden:
das Jetzt.

272

Es ist ein
intelligentes System,
dessen Teil du bist
– und als
göttliches
Wesen
bist du ein Teil
der gesamten
Schöpfung.

273

Es ist nicht
der Sinn des Lebens,
an ein bestimmtes Ziel zu gelangen,
wo du Inspiration findest –
genauso wenig wie es der
Sinn des Tanzens ist, einen
bestimmten Punkt auf dem Boden
zu erreichen. Das Ziel des Tanzens
– und des Lebens – ist
die Freude über
jeden Moment,
jeden Schritt, unabhängig davon,
wo du angelangt bist,
wenn die Musik aufhört.

274

Die herausragenden Menschen

sind nicht diejenigen,
die bestrebt sind, besser zu sein
als die anderen,
sondern diejenigen,
die sich selbst
übertreffen wollen.

275

Es gibt keine Konflikte

– alles ist, wie es sein soll.

Was du verbessern willst, erreichst du

nicht, indem du kämpfst,

sondern indem du deine

Aufmerksamkeit darauf richtest,

mit dem Geist Gottes

verbunden zu bleiben.

276

Die Gesetze
dieser Welt können
nicht auf die Ebene
Gottes angewendet werden,
sie gelten dort nicht.
Du kannst dich frei entscheiden,
ob du auf der höheren Ebene
– also *in Spirit* – *leben willst*
oder nicht.

277

Durch deine Entscheidung für
ein inspiriertes Leben wählst du,
im Gleichklang mit
der Schöpferkraft zu sein.

278

Wann immer du versucht bist,
Menschen oder Situationen
in deiner Welt zu verändern,
halte kurz inne und kehre
zu einer Geisteshaltung zurück,
die dich aufruft,
genau hier und jetzt
gottähnlicher
zu sein.

279

Beherzige dies:
Ist der Schüler bereit dazu,
wird er zum Lehrer.
Sei jederzeit wachsam
und bereit dafür, dass die Lehre
sich durch dich
manifestieren kann.

280

Schließt eine Organisation
einige ein, andere wiederum aus,
so zeigt sie damit,
dass sie nicht die Wahrheit lehrt.
Gott schließt niemanden aus,
also ist jede religiöse Gruppierung,
die dies dennoch tut,
nicht an Ihn angeschlossen.

281

Sobald du
anfängst,
Gottes Allwissenheit
infrage zu stellen,
verbanne diesen Zweifel
aus deinem Geist.

282

Wenn du mit deinem
spirituellen Schöpfer
kommunizieren möchtest,
musst du herausfinden,
wie du dahin gelangst,
woher du kamst.
Inspiriert zu sein setzt voraus,
zurückzugehen und
sich zu erinnern.

283

Wenn du
Gott um
Führung und Hilfe
in deinem Leben bittest,
solltest du als Erstes immer vergeben:
all jenen, die dir anscheinend
Unrecht getan haben
– und dir selbst.

Es gab sicher
Zeiten in deinem Leben,
als du die Worte »Denn aus Gnade seid
ihr selig geworden ... nicht aus euch«
tatsächlich verstanden hast. Sei selbst diese
göttliche Gnade, und weite sie
auf alle aus, die dir deiner Ansicht
nach Unrecht getan haben.

Wenn du in einen
Dialog mit Gott
treten möchtest, begib dich
in Liebe zu deiner Quelle, sonst
vergeudest du deine Zeit.
Gott kann und wird auf
ein lieblos vorgebrachtes
Anliegen nicht eingehen.

286

Deine Beziehung zu Gott,
deinem allwissenden
Senior-Partner, ist wie die Beziehung
zu deinen Eltern.
Ebenso wie du als Kind
deiner Mutter und deinem Vater
vertraut hast,
entscheidest du dich jetzt,
der Weisheit deines Schöpfers
zu vertrauen.

287

Verneine dich

niemals selbst,

schäme dich nie,
wenn du dein Ziel,
anderen als Inspiration zu dienen,
nicht erreichst.
Jeder Absturz ist zugleich
auch ein Geschenk,
und jeder Rückfall
ist eine
herrliche Chance.

Wenn du Inspiration und Freude
empfinden möchtest, aber
immer wieder
das Gegenteil eintritt,

verfluche nicht das Schicksal:

Sieh es eher so, dass du nicht
mit der schöpferischen Energie
in Einklang bist.

289

Du musst dich in einem Zustand
befinden, in dem du
alle Menschen liebst
– mehr als das: Du musst dich mit
jedem und allem
verbunden fühlen
– dann ziehst
du die
Aufmerksamkeit
deiner Quelle auf dich.

Sieh es,
solange du noch in deinem Körper bist,
als letztes und höchstes Ziel an,
dein Ego ohne Wenn und Aber
liebevoll *aufzulösen.*

291

Wenn du *in Spirit* bist,
empfindest du ein
Gefühl des
Wohlbehagens,
mehr noch:
Du spürst pure Freude.

292

Es gibt nur das Jetzt.

Sobald dieser Moment vorbei ist,
wird er durch ein anderes Jetzt ersetzt,
ad infinitum. Dein augenblickliches
Jetzt durch ein zukünftiges Jetzt
zu ersetzen, ist das perfekte Rezept
für ein uninspiriertes Leben.

293

Etwas, das von weit her
zu kommen scheint, bei dem du
dich von einer Kraft getrieben
fühlst, die mächtiger ist als dein Ego
mit all seinen Illusionen,
DAS *ist Inspiration*.

Vertraue jener Intelligenz,

die dein Herz 50- bis 60-mal
pro Minute schlagen lässt,
die gleichzeitig die Erde
24 Stunden am Tag dreht,
die die Planeten in ihrer Bahn
hält und jede einzelne
Millisekunde kreiert.

295

Du musst darauf vertrauen,
dass Inspiration bereits in
deinem Leben wirkt – sie entzieht sich
dir nur, weil du dich irgendwie von
dem göttlichen Geist,
der *dein Wesen* war
und immer sein wird,
abgesondert hast.

296

Vielleicht glaubst du,
Inspiration sei etwas,
das auf verborgene und
unkontrollierbare Weise geschieht;
vertraue jedoch lieber
ausschließlich auf
deine Entscheidung,
so zu handeln,
dass es dein
Spirit-Bewusstsein fördert.

297

Es macht keinen Sinn,
nach den Wünschen anderer
zu leben und darunter zu leiden;
wende dich lieber
gegen äußere
Meinungen,
die dich mit Gewalt
zu etwas machen wollen,
was du nicht wirklich bist.

298

Inspiriert zu sein bedeutet:

wahrhaft wie deine
Quelle zu sein.

Bist du es nicht,
dann wird deine Quelle
geduldig abwarten, bis du
etwas so Simples tust,
wie *deine Meinung*
zu ändern.

299

Was hält dich davon ab,
dich selbst als Gefäß der
göttlichen Essenz zu fühlen
und zu wissen, dass du von
nobler Herkunft bist?

Das Ego.

Auf dem Weg zu einem
inspirierten, begeisterten Leben
musst du lernen, einen nicht
vom Ego beeinflussten
Standpunkt einzunehmen.

300

Wie der große indische Weise
Ramana Maharshi einst sagte,
gibt es »kein Ziel, das erreicht, nichts,
das erfüllt werden muss.

Du bist das Selbst.

Du bist immer.«

Das ist wahre Inspiration.

301

Dies ist ganz
eindeutig ein sinnvolles Universum
mit einer Intelligenz, die ihre
Schöpfung und deren ständige
Weiterentwicklung
fördert –
und du bist Teil
dieser Intelligenz,
denn aus ihr
kommst du.

302

Du findest
deinen Weg zur Inspiration,
indem du die Vision kreierst,
zu 100 Prozent deiner Zeit
in Spirit zu sein.

303

Spirit beharrt nicht auf dem Unmöglichen,

das heißt, er besteht nicht darauf,
dass er nicht kreieren könne,
dass es sowieso nicht funktioniere,
dass mit dem Schlimmsten
zu rechnen sei oder
dass er gerade festhänge.

Weite die Liebe aus.

Das kann in Form eines
inneren Segens geschehen
für jemanden,
den du vorher vielleicht
verurteilt hast, oder in Form
eines freundlichen Grußes
oder eines liebevollen Gedankens,
mit dem du jedem nur
das Allerbeste wünschst.

305

Eigenartige, scheinbar unerklärliche
Ereignisse bedeuten in Wahrheit vielleicht nur,
dass deine *alles kreierende Quelle*
»Zufälle« aneinanderreiht, um dich
zu unterrichten und dir
den Weg zu zeigen.

306

Auf eine im Moment
vermutlich nicht so
leicht verständliche Art warst du dir,
als du dich noch am
Ursprung deines Seins
befandest, sehr wohl darüber bewusst,
warum du zur Erde gekommen bist;
und du hast selbst dabei geholfen,
diesen Lebensprozess
in Gang zu setzen.

307

In-Spirit leben heißt,
deinen Körper mit all seinen
besonderen Eigenschaften
wahrzunehmen und
dankbar zu sein für diesen
perfekten Tempel, der kurzfristig deine
wahre Existenz
beheimatet.

308

Das Wesen der Quelle
ist Geben und Teilen.
Wenn du daher deine
Lebensaufgabe
kennen und deiner
wahren Berufung
nach Inspiration
folgen willst, musst
auch du dich mehr
aufs Geben als
aufs Nehmen
ausrichten.

309

Wenn du *in Spirit* lebst,
spürst du deine Inspiration
regelrecht in und bei *all* deinem Tun.

310

In den Monaten,
da du im Mutterleib
herangewachsen bist,
befandest du dich,
das kann man mit
Fug und Recht behaupten,
in Spirit: Ohne die geringste
Anstrengung warst du
perfekt auf Spirit
ausgerichtet.

311

Dein ganzes Leben lang
entwickelst du dich
außerhalb des Mutterleibes weiter,
und du kannst der Schöpferkraft
zutrauen, dass sie auch hier das Licht
der Inspiration in dir entfacht.

312

Mache es zu
deinem wichtigsten Ziel,
im Bewusstsein
der Inspiration zu bleiben,
und freue dich über jeden Augenblick, in
dem du praktisch verwirklichst, was du
werden wolltest, als du noch
in Spirit weiltest – bevor du
dieses Partikelchen wurdest,
das diese herrliche
Reise angetreten hat.

313

Wenn dich Inspiration durchströmt,
ist dies *eine Botschaft*
aus dem Reich deines körperlosen
Selbst, aus dem du kamst,
bevor du in diese Welt
der Formen eingetreten bist.

314

Du kannst einfach
dabei zusehen, wie Dinge in
dein Leben kommen und
wieder gehen, und während du
in Spirit weilst,
ist dir klar, dass all dies nichts
mit deinem Zustand
der Inspiration
zu tun hat.

315

Sobald du tiefer in *Spirit* eintauchst,
lässt du dich nicht mehr
von den Ansprüchen des Egos leiten –
weder von den eigenen noch
von denen der anderen –,
sondern unterwirfst dich der
allgegenwärtigen Kraft,
die dich in einen
gesegneten Zustand
der Inspiration
führt.

316

Teile und schenke anonym.
Das Ziel ist es,
eins zu sein mit
dem Schöpfer,
und der giert nicht
nach Belohnung,
nicht einmal nach
einem Dankeschön.

317

Wenn du »mehr willst«, heißt die Lösung:
Tue mehr für die Gesellschaft,
für die Menschheit und für die Umwelt.
Jeder Akt des Teilens, der an die Stelle
der eigenen Bedürfnisbefriedigung tritt,
führt dazu, dass du dich inspiriert fühlst.

318

Verstehe und akzeptiere einfach,
dass alles, was in deinem
Leben passiert – erscheint es dir
auch noch so widersprüchlich
oder ärgerlich –, da ist,
weil du es angezogen hast.
Du musst dich damit auseinandersetzen,
weil sich nur dann etwas öffnen
und deine wahre Bestimmung
hervortreten kann.

319

Dich umgeben die Engel
des Geistigen, deshalb zögere nicht,
sie zu fragen,
was du von ihnen lernen kannst.

320

Deine Fähigkeiten
sind so unbegrenzt
wie die von Gott,
denn du bist eindeutig
ein Teil aus
Seiner Essenz.

321

Gespräche mit Gott

werden eigentlich nur die Antworten
bestätigen, die du schon in dir trägst:
Das ist der Grund, warum dir
die Lösung einer bestimmten Situation
unmittelbar klar werden kann.

322

Als einer

der herrlichsten

Gedanken Gottes

bist du aus einem Energiefeld

der Möglichkeiten entstanden;

deshalb bleibe mit der Schwingung

dieser Idee verbunden.

323

Wenn du dich
von der Meinung anderer
unabhängig machst,
so tue dies nicht mit
Wut oder Aggression – du bist
geistige Energie
aus einem Energiefeld der Liebe,
und um *in Spirit* zu sein,
musst du Liebe *sein*.

324
Du lebst hier während
dieser Inkarnation in deinem
perfekten Körper,
und das ist ein
atmendes Wunder.

Sei jetzt hier ist mehr als der Titel
eines wunderbaren Buchs von Ram Dass;
es ist die Essenz der Inspiration:
Im Jetzt zu sein heißt, Angst, Stress und
manchmal sogar Krankheiten aufzulösen.

326

Schenke dir ein wenig Zeit,
und suche einen ruhigen Ort auf,
um mit deiner Quelle zu sprechen.
Wenn deine *Kommunikation*
authentisch ist,
eilen dir die Antworten,
die du suchst, entgegen.

327

Die bloße Tatsache,
dass dich etwas sehr anregt
und interessiert,
zeigt dir ganz klar,
dass die Inspiration
in Wartestellung ist,
dich quasi
um Aufmerksamkeit
anfleht.

328

Triffst du auf
irgendein Hindernis,
gehe in dich
und wisse,
dass in deinem Zentrum
hinter allem Physischen
und Mentalen
Spirit weilt,
der immer
mit Gott
verbunden ist.

329

Wer bin ich?

ist »die Frage der Fragen«,

und die *Antwort* lautet:

Ich bin ein einzigartiger Teil

von Gottes Wesen.

Ich entstamme dem

Geist, und ich habe

diese grundlegende

Wahrheit bloß vergessen.

330

Sei dir deiner Herrlichkeit
in jeder Beziehung bewusst.
Dieses Bewusstsein musst
du fördern, denn ist es
erst einmal wieder erwacht,
beginnen die Samen
der Inspiration zu keimen
und zu erblühen.

331

Wenn du dich von
deinem »Seniorpartner« leiten lässt,
sorgt das Ergebnis immer für
sich selbst, vor allem, wenn du
*das Endergebnis vor
deinem geistigen Auge
siehst* und dein gegenwärtiges
Sein in Harmonie
mit dieser Vision
verbringst.

332

Indem du *deiner* eigenen inneren
Vision traust, vertraust du der Weisheit,
die dich erschuf.

333

In Spirit zu sein bedeutet, dich an die *unsichtbare Realität* anzuschließen, die dich letztlich zu deiner wahren Berufung führt.

334

Niemand verlangt,
dass du Gott Opfer bringst,
Ihm Ehrerbietung erweist
oder irgendetwas für Ihn tust.
Dein eigener Anspruch ist es,
der dich von dem
Gefühl der Inspiration abhält,
deshalb lass ihn los,
öffne dich –
und teile.

335

Bedenke diese einfache Wahrheit:
Die Antwort auf *Wie* ist *Ja*.
Du wirst vielleicht nie wissen,
wie du das
Gefühl der Inspiration
erlangst, aber wenn du *Ja* sagst
zum Leben und deinem Ruf folgst,
wird das *Wie* sich
um sich selbst kümmern.

336

Sobald du dich
dabei erwischst,
dass du jemanden
ausschließt oder
beurteilst, sage leise
zu dir: *in Spirit*.
Dann versuche,
über diesen Gedanken
mit der *Energie*
der Quelle
in Verbindung
zu kommen.

337

Sei freundlich und nachsichtig mit dir,
verbanne jegliche
Scham und Selbstvorwürfe
aus deinen Gedanken.

338

In einem unendlichen Universum gibt es

keine Zeitbegrenzung,

welche die Anzahl der Leben, die du zur

Verfügung hast, einschränkt.

339

Wenn ein unschöner
Gedanke in deinem
Geist aufflackert,
zieh sofort die Notbremse
und sage so etwas wie:
Ich bin ein göttliches Wesen,
eindeutig ein Teil Seiner Essenz.

Dieser stille Denkanstoß
wird mehr für
deine Inspiration bewirken
als tausend Bücher
und hundert Seminare.

340

Inspiration kann gepflegt und *zu deiner Antriebskraft im Leben werden,* anstatt nur hie und da kurz aufzuleuchten. Sie ist daneben, scheinbar völlig unabhängig vom Willen, in der Lage, ebenso geheimnisvoll wieder zu verschwinden.

341

Um deiner wahren Berufung nachzukommen,

musst du die klare, unkomplizierte Welt von *Spirit* suchen.

Erinnere dich immer wieder
an die Wahrheit der Physik und
der Metaphysik, dass es nirgends in
diesem Universum einen Raum gibt,
*der frei von geistiger
Energie ist.*

343

Du kannst dir dein Leben
leichter machen, wenn du
deine Geschäftigkeit, die dich
vom Wesentlichen abhält, drosselst.

*Lausche der Botschaft
des Geistes,*

erfahre bewusst Freude,
und dann erkenne,
wie leicht du Zugang dazu hast.

344

Das Universum hat
ein perfektes Timing,
und deine Ankunft auf
dieser Erde ist
Teil dieser Synchronizität.
Mit anderen Worten: Du bist
eine Idee Gottes, deren
Zeit gekommen war.

345

Es ist wichtig, dass du *deine Wünsche auf deine Erwartungen abstimmst.* Alles, was du gern geschehen lassen möchtest, musst du sehen ... und du musst wissen, dass es nicht mehr aufzuhalten ist.

346

Du bekommst,
womit du dich gedanklich
beschäftigst – ob du
es willst oder nicht.

*Achte also darauf,
woran du intensiv denkst.*

347

Wenn du das
Energiefeld eines mit
Spirit verbundenen Menschen betrittst,
wirst du vermutlich nicht nur deine uninspirierte
Lebensweise aufgeben, sondern dich auch
auf seine höhere Energie
einschwingen.

348

Wenn du die Entscheidung triffst, am Geschick aller Menschen Anteil zu nehmen und *deine Gedanken täglich harmonisch auf Spirit auszurichten,* wird dein Lebensziel dich nicht nur finden, sondern dir, wo immer du auch hingehst, regelrecht hinterherjagen.

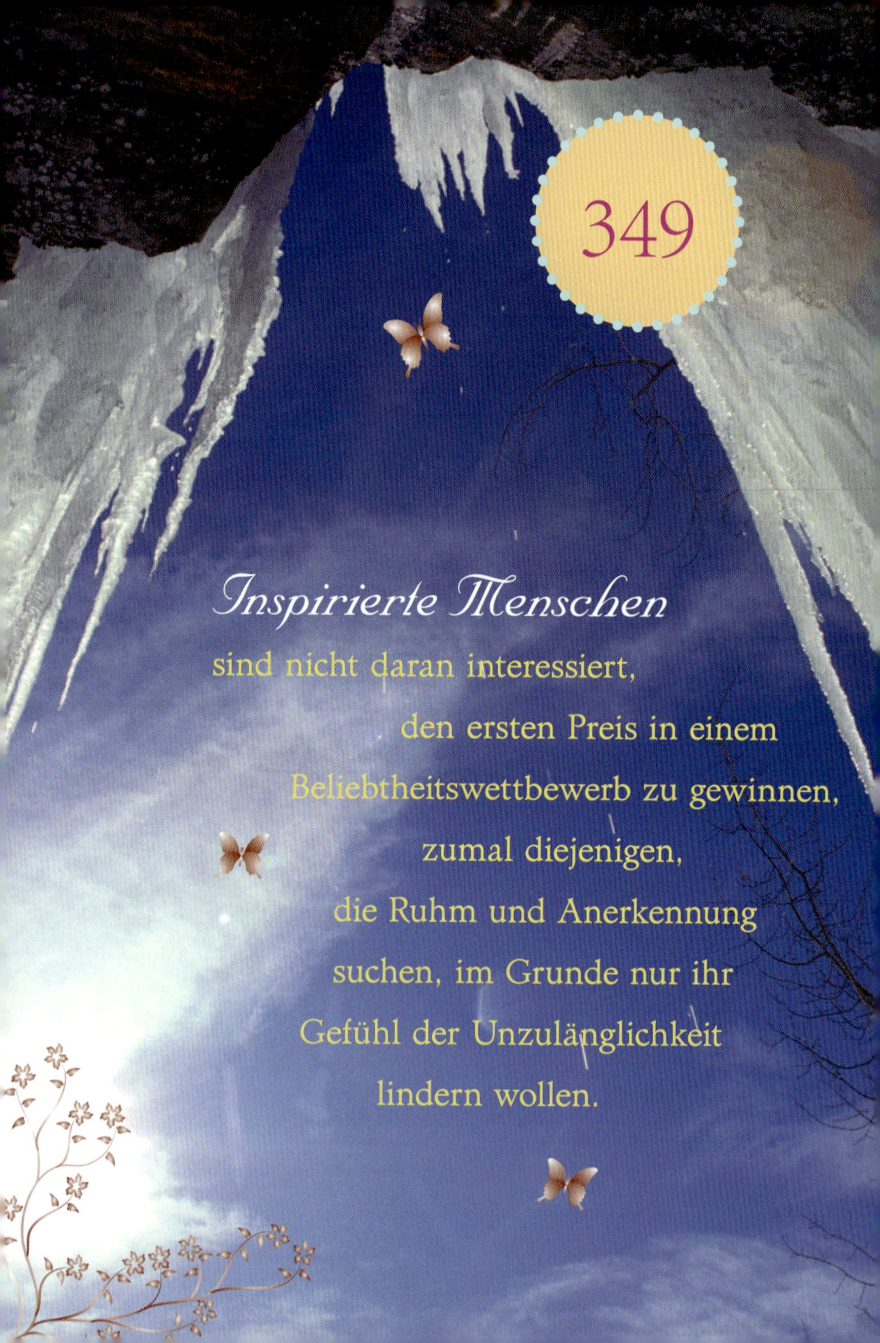

349

Inspirierte Menschen

sind nicht daran interessiert,
den ersten Preis in einem
Beliebtheitswettbewerb zu gewinnen,
zumal diejenigen,
die Ruhm und Anerkennung
suchen, im Grunde nur ihr
Gefühl der Unzulänglichkeit
lindern wollen.

350

Wenn du dich

harmonisch auf die

Energie Spirits einschwingst,

bist du weniger mit Zielen

oder Resultaten, mit Gewinnen

und Anhäufen beschäftigt –

weit mehr genießt du die

Freude an deinem aktiven Leben.

351

Deine Gedankenenergie

bestimmt, ob du auf der Ebene
der Inspiration lebst.
Wenn du also daran zweifelst,
dass du Wünsche wahr werden lassen
oder spirituelle Führung
erlangen kannst, schwingst du
nicht in Harmonie
mit dem,
was du willst.

352

Vertraue deiner Intuition

– niemand anderes muss mit dir übereinstimmen,

er muss dich nicht einmal verstehen.

Vergiss nicht: Dein Ziel ist es,

dich gut zu fühlen.

353

Die Kraft, dich in eine
friedvolle Schwingung
zu versetzen,
liegt immer in dir.

Wer oder was

auch immer dich von der

Wertschätzung deiner Quelle

abhält, behindert deine Spiritualität.

Dies gilt vor allem dann, wenn du dich

auf Menschen oder Organisationen einlässt,

ohne die Wahrheiten, an die du glauben sollst,

genauestens untersucht zu haben.

355

Im Dialog mit
deinem Schöpfer musst du
grundsätzlich davon ausgehen,
dass nicht du der Macher bist.
Anders gesagt:
Maße dir nicht an,
deiner Quelle erklären zu können,
was sie zu tun hat,
damit dein Leben
glücklich und erfüllt ist.

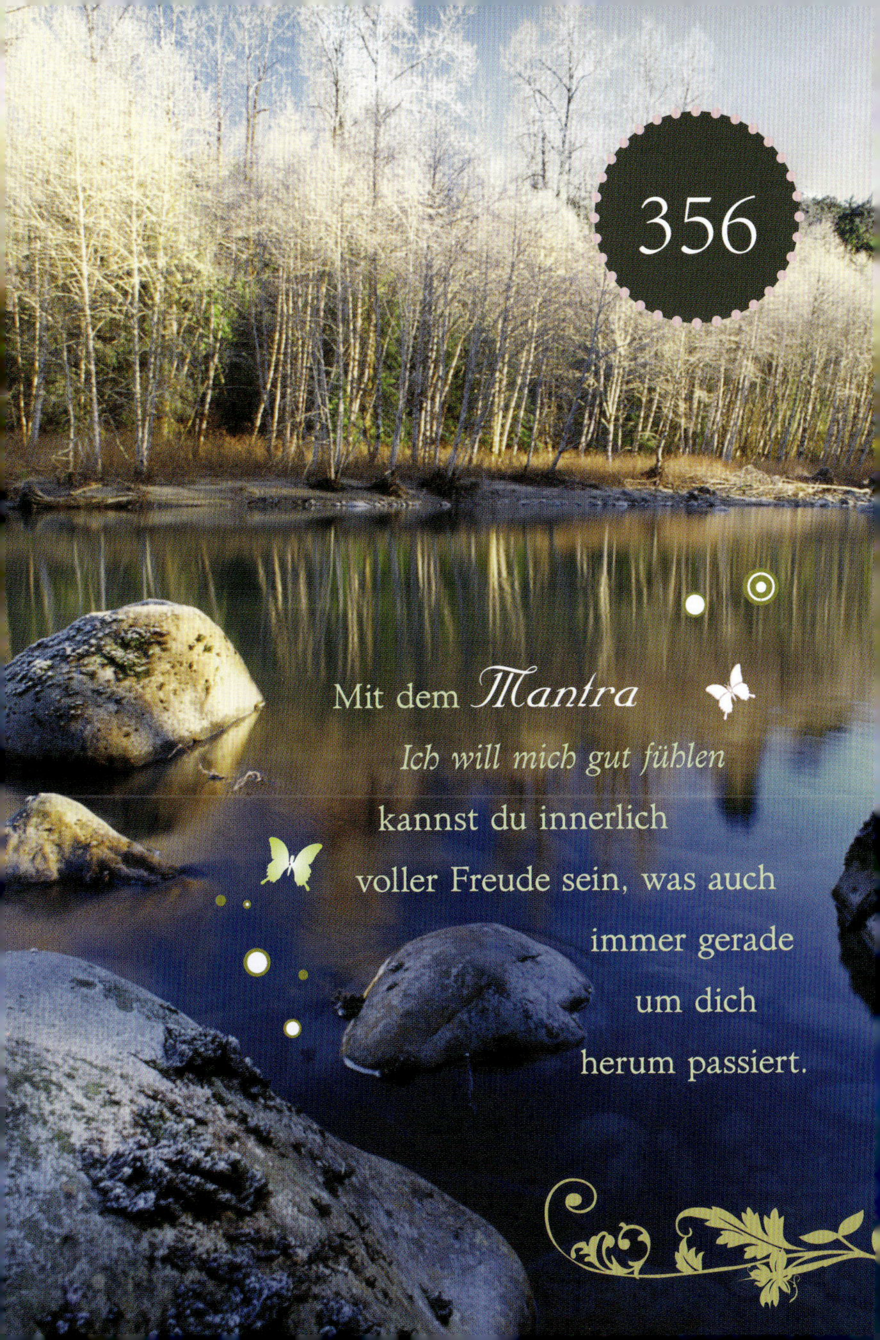

356

Mit dem Mantra

Ich will mich gut fühlen

kannst du innerlich

voller Freude sein, was auch

immer gerade

um dich

herum passiert.

357

Gebete oder friedvolle Zwiegespräche
mit deiner Quelle bedürfen
der inneren Stille:
Bevor du also meditierst,
nimm dir etwas Zeit, um ruhig zu werden,
und achte auf deinen Atem.

358

Sei dir bewusst,
dass absolut niemand außer dir
dein ureigenes Anliegen in diesem
Leben wirklich weiß oder ahnt;
deshalb *erlaube dir*, einzig und allein
deiner inneren Führung zu folgen,
und ignoriere den Druck von außen.

Ungeachtet deiner Religionszugehörigkeit:

Wenn du mit der Quelle deines Seins ins Zwiegespräch treten möchtest,

muss dein Herz frei sein von Argwohn oder Hass.

360

Die Quelle der
allumfassenden Liebe
weiß nichts von Grenzen,
fremden Sitten, Landesteilungen,
Familienspaltungen oder Rassenunterschieden
– sie kennt nur *Liebe für alle.*

361

Tagtäglich ergibt sich die Möglichkeit, inspirierend auf das Leben anderer einzuwirken. Diese Impulse kannst du aufgreifen und *dich inspiriert fühlen* – oder du kannst sie ignorieren und in deiner vom Ego dominierten Welt verharren.

362

Schreibe deine Vorsätze nieder,
und halte sie griffbereit,
das bringt die *Energie*
der Inspiration dazu,
sie in deinem Sinne auszuführen.

363

Von etwas angeregt zu sein ist der *Schlüssel zu deiner wahren Berufung* – und dieser Impuls vibriert durch das gesamte riesige Universum.

364

Dein Körper ist mit einer
natürlichen Anlage zu
Gesundheit ausgestattet, und er
wird mit fast allem fertig,
wenn du ihm nur gestattest,
seine Magie auf ganz
eigene Art wirken
zu lassen.

365

Bemühe dich,
bei jeder Gelegenheit, ein
Quell der Inspiration zu sein – allein durch
deine Vorbildfunktion.
Wenn sich deine eigene Verbindung zu
Spirit zeigt, wird dies andere inspirieren,
und auch du spürst, wie Inspiration
dich durchströmt.

ÜBER DEN AUTOR

Wayne W. Dyer, Ph.D., ist ein international renommierter Autor und Redner auf dem Gebiet der Persönlichkeitsentwicklung. Er zählt mit seinen mittlerweile 30 Ratgebern zu den meistgelesenen Autoren im Bereich der Lebenshilfe und trat in unzähligen Fernseh- und Radioshows als Gastredner auf.

Dyer promovierte über Schulpsychologie und war Privatdozent an der St. John's University in New York.

Weitere Informationen unter: *www.drwaynedyer.com*

Notizen

Notizen

Notizen

Notizen

Notizen

Notizen

232 Seiten, broschiert, mit Klappe
ISBN 978-3-89845-288-5
€ [D] 14,90

Eileen Caddy & David Earl Platts

Die Tore zur Liebe öffnen

Ein Findhorn-Buch

Können wir lernen zu lieben? Oder müssen wir nur warten – und es geschieht von selbst?
Wir alle sind mit der Fähigkeit geboren, uns selbst und andere zu lieben. Schmerzvolle Erfahrungen haben jedoch dafür gesorgt, dass viele von uns innere Schutzwälle errichtet und Ängste, Überzeugungen und Verhaltensweisen entwickelt haben, um diese inneren Barrieren aufrechtzuerhalten. Die wichtigste Lektion im Leben ist es daher, wieder lieben zu lernen ...
Dieses Buch lädt Sie ein, die freie Entscheidung zu treffen, mehr Liebe in Ihr Leben zu bringen, und es hilft Ihnen, diese Entscheidung Schritt für Schritt klar und entschlossen umzusetzen.

160 Seiten, broschiert,
ISBN 978-3-89845-292-2
€ [D] 6,95

Barbara Berger

Meditationen

Tore zum Bewusstsein

Verschiedene Wege führen zur Erfahrung von glückseligen, erweiterten Bewusstseinszuständen, jener globalen Revolution, die in unserer Zeit stattfindet. Ein einfacher Weg zu diesem höheren Bewusstsein sind die Meditationen von Barbara Berger.
Die Bestseller-Autorin vermittelt fundiert und immer leicht nachvollziehbar verschiedene Meditationsformen. In gewohnt unkomplizierter Art erklärt sie neben praktischen Übungen auch die Stolpersteine, die eine erfolgreiche Meditation verhindern können. Den Meditierenden erwartet u. a., wie der Verstand, die ewige »Quasselstrippe«, beruhigt werden kann, wie man besser schläft, jünger aussieht oder effektiver arbeiten kann ...

47 Herzkarten, in Box
ISBN 978-3-89845-208-3
€ [D] 13,90

Sigrid Mahncke

Lichtengel

Zur Heilung von Körper und Seele

Die Lichtengel bringen Heilung für Körper und Seele und breiten ihre Flügel wie einen schützenden Mantel der Liebe über dir aus. Allein indem du dich in die Energien der visionären und sanften Engelbilder vertiefst, wirst du fast augenblicklich zur Ruhe kommen – und in der Lage sein, dich auf den wesentlichen Kern deines Lebens besinnen zu können …

49 Herzkarten inklusive
3 Anleitungskarten, in Box
EAN 4260075280219
€ [D] 13,90

Maria Anna Schmitt

Herzflimmern

… für Vertrauen, Freundschaft und Liebe

Herzige Wegbegleiter für Vertrauen, Freundschaft und Liebe …
Dieses Herzkarten-Set hilft dabei, sich selbst und seine Liebsten besser zu verstehen. Alle drängenden Fragen rund um Freundschaft, junge Liebe und Flirts sowie das Vertrauen zu sich selbst und anderen werden witzig und schlagkräftig beantwortet.

47 Herzkarten, in Box
EAN 4260075280172
€ [D] 13,90

Olivia Moogk

Liebesglück-Herzkarten

Liebe, die von Herzen kommt … bleibt mit diesem Karten-Set keine bloße Hoffnung mehr, denn es ist eine wahre Quelle der Weisheit, die uns hilft, in unseren Liebesbeziehungen glücklich zu bleiben oder genau die Art von Beziehung anzuziehen, die wir uns so sehr wünschen.
Olivia Moogk versteht es meisterhaft, Situationen des alltäglichen Gefühlslebens mit einem Fragezeichen zu versehen und so Überlegungen anzustoßen, die weiter reichen als es diese schön gestalteten Herzkarten der Liebe auf den ersten Blick vermuten lassen ... Ein Kartenspiel, das wahrhaft verzaubert!

Johanna Tippkemper
Der Herzstern
Einweihungsweg zur Selbsterkenntnis

Das »magische« Jahr 2012 verweist auf den Beginn des Aufstieges der Menschheit in eine neue Dimension. Johanna Tippkemper ist es gelungen, ein absolut neuartiges Konzept zu entwickeln. Sie werden immer geführt vom »Herzstern«, aus dem das uralte Wissen des Universums in seiner hohen Schwingung strahlt.
Man erfährt u. a. Neues über

- die göttlichen Farbstrahlen
- deren feinstoffliche Wirkung auf Körper, Geist und Seele
- Zahlen als Zugang zum persönlichen Lebensweg

Neben den 13 Resonanzkarten sind im Handbuch zudem zahlreiche Übungen und Praxisbeispiele enthalten.

208 Seiten, broschiert,
durchgehend 4-farbig,
mit 13 Karten, im Schuber
ISBN 978-3-89845-258-8
€ [D] 24,90

Johanna Tippkemper
Der Herzstern für Einsteiger
Mit Pendel und Resonanzkarten der Aufgestiegenen Meister

Jede der in diesem Set enthaltenen Energiekarten baut – allein durch die Beschäftigung mit ihr – eine Kommunikationsbrücke zur Ebene der Aufgestiegenen Meister auf. Dadurch erhalten wir augenblicklich alle erforderlichen Informationen und Hilfestellungen, die wir für unsere Transformation und den Aufstieg, aber auch zur Bewältigung ganz alltäglicher Probleme brauchen.
Diesen 13 Meisterkarten liegt ein hochwertiges Spiralpendel mit echtem Bergkristall bei, der in der Lage ist, sowohl die Meisterkarte zu ermitteln, deren Energie wir momentan für unsere Entwicklung benötigen, als auch die Schwingung der entsprechenden Karte aufzunehmen, um sie unmittelbar an uns weiterzugeben.
Dieses Set ist wahrhaft ein Brückenschlag in die nächste Dimension!

13 Resonanzkarten, 32 Seiten
Booklet, inkl. hochwertigem
Edelsteinpendel, in Box
EAN 426007528023-3
€ [D] 16,90